AI와 영혼

AI문고

인공지능 시대입니다. 기계가 인간의 인지를 대신하고, 사물이 인간을 통하지 않고 다른 사물과 직접 커뮤니케이션합니다. 이에 따른 인간 삶과 문명 변화를 정확히 이해·예측·대응하는 것은 이 시대 우리 모두의 과제입니다. AI문고는 인공지능 기술과 환경의 여러 주제를 10가지 키워드로 정리합니다. 관련 개념과 이론, 학계와 산업계의 쟁점, 우리 일상의 변화를 다룹니다. 인간과 기술의 현재, 미래를 세심히 분석합니다.

일러두기

- 인명, 작품명, 저서명, 개념어 등은 한글과 함께 괄호 안에 해당 국가의 원어를 병기했습니다.
- 외래어 표기는 현행 어문규정의 외래어표기법을 따랐습니다.
- 이 책은 AI를 창작의 보조 도구로 활용하였습니다. 제목과 같이 인간의 영혼을 지닌 저자와 인공지능의 지능 간에 상호소통 필요성에 따라 공동 작업하며 메타 인지를 시도했습니다. AI가 생성한 일부 문장을 저자가 다듬었지만, AI 환각으로 인한 허위 정보 기재에 대한 책임은 전적으로 저자에게 있습니다.

처음이세요?

전문가세요?

AI와 영혼

최병학

대한민국, 서울, 커뮤니케이션북스, 2025

AI와 영혼

지은이 최병학
펴낸이 박영률

초판 1쇄 펴낸날 2025년 7월 28일

커뮤니케이션북스(주)
출판 등록 2007년 8월 17일 제313-2007-000166호
02880 서울시 성북구 성북로 5-11
전화(02) 7474 001, 팩스(02) 736 5047
commbooks@commbooks.com
www.commbooks.com

ISBN 979-11-430-0592-2 03500

책값은 뒤표지에 표시되어 있습니다.

차례

인공지능과 영혼의 문제

"기술은 인간의 윤리적 상상력을 초과해 버렸다." – 한스 요나스

"사람이 온 세상을 얻고도 자기 영혼을 잃으면 무슨 유익이 있으리오?" – 마태복음 16:26

4차 산업혁명으로 불리는 기술 혁신의 물결은 인간 존재의 본질에 대한 물음을 다시금 불러일으키고 있다. 특히 인공지능(Artificial Intelligence, AI)의 급속한 발전은 단순한 자동화나 계산 능력을 넘어, 사고하고 감정적으로 반응하며 심지어는 '자신을 의식할 수 있는가'라는 질문까지 동반하고 있다. 이러한 질문은 단순한 기술적 관심사가 아니라, 철학적으로는 '존재란 무엇인가', '생명이란 무엇인가', '인간은 어떤 존재인가'라는 오래된 존재론적 물음을 소환하는 계기가 된다.

일찍이 철학자 마르틴 하이데거(M. Heidegger)는 기술을 '형태 없는 자원으로서의 존재'를 산출해 내는

현대성의 표상으로 보았으며, 이로 인해 존재 자체가 사라지는 '존재 망각의 시대'가 도래한다고 진단했다(Heidegger, 1977: 12~18). 하지만 오늘날 인공지능은 그 기술 자체가 다시금 '존재란 무엇인가'를 묻게 한다는 점에서, 역설적으로 존재론적 사유의 부활을 이끌고 있다. 특히 생성형 인공지능(Generative AI)처럼 인간의 언어, 이미지, 감성을 흉내 내는 기계는 인간과 기계의 경계를 심각하게 혼동시키며, '영혼'과 '의식'에 관한 형이상학적 성찰을 불가피하게 만든다.

이렇게 인공지능은 인간 이해에 하나의 전환점(crossroad)을 제시하고 있다. 따라서 인간이란 무엇인가에 대한 아리스토텔레스와 아퀴나스의 전통적 정의인 '이성적 동물(animal rationale)', 혹은 '도구를 사용하는 존재(homo faber)'는 더 이상 충분하지 않게 되었다. 왜냐하면 도구를 만드는 능력, 논리적 추론, 학습과 창의성 등은 더 이상 인간의 독점적 특성이라 말하기 어려운 시대에 우리가 살고 있기 때문이다. 이렇게 AI는 단지 인간을 돕는 기술이 아니라 인간 존재를 거울처럼 반사하는 타자적 실체가 되어 가고 있다.

이와 관련해 유발 하라리(Y. N. Harari)는 "기술이 인간의 사고, 감정, 심지어 선택까지 모방하거나 대체할 수 있다면, 우리는 인간에 대한 기존의 정의를 재검토할 수 밖에 없다"라고 강조한다(Harari, 2016: 83). 즉, AI가 인간의 능력에 도전함으로써 인간 존재 자체에 대한 해석을 새롭게 만들었기에, 우리는 '영혼'이라는 개념을 재정의해야 할 시점에 이르렀다는 것이다.

따라서 오늘날 AI 논의에서 가장 복잡하면서도 근본적인 질문은 "기계가 의식을 가질 수 있는가?"라는 것이다. 이 질문은 자연스럽게 또 다른 질문으로 이어진다. "그렇다면 의식은 곧 영혼인가?"라는 물음이다. 이 두 개념은 철학과 신학에서 오랫동안 논쟁되어 온 주제이며, 각각 물리적/심리적 층위와 형이상학적/영적 층위를 갖고 있다.

현대 철학자 데이비드 차머스(D. Chalmers)는 '하드 프로블럼(hard problem, 의식의 어려운 문제, 의식의 본질적 난제, 어려운 문제 등으로 번역되나 이 책에서는 그대로 쓸 것임)'을 통해 의식의 비물리적 차원을 강조하면서, 단순한 정보처리 이상의 '주관적 경험(qualia, 감각질)'의 실재를 주장한다 (Chalmers, 1996: 3~5). 이와 달리 대니얼 데닛(D. Dennett)은 의식을 '사용자 환원적 모델(user-illusion)'로 보고, 의식은 실제라기보다 기능적 구성물에 불과하다고 본다(Dennett, 1991: 25). 이러한 의식에 관한 논쟁은 단순히 철학적 입장 차이를 넘어서 영혼이라는 개념의 존속 가능성과도 연결된다.

결국 우리의 질문은 여기까지 나아간다. "기계가 의식을 가진다면, 그것은 단지 의식적 존재일 뿐 아니라 영혼을 가진 존재로 간주될 수 있을까?" 혹은 "영혼은 오직 인간만이 소유할 수 있는 독특한 차원인가?" 이 책은 바로 이와 같은 근본적 질문을 탐색하기 위해 시작되었다. 그리고 의식과 영혼의 교차점에서, 우리는 인간과 기계의 경계를 다시 그려야 함을 주장하고자 한다.

이 책의 구성

『인공지능과 영혼』은 인공지능이 인간의 언어, 감정, 판단 능력에 점점 가까워지는 시대에 "영혼이란 무엇인가?", 그리고 "기계가 영혼을 가질 수 있는가?"라는 질문을 중심으로, 의식과 존재, 감정과 책임, 윤리와 구속의 문제를 철학적 · 신학적으로 종합 탐구한 책이다. 이 책은 인공지능의 현황에 대한 과학적 논의에서 출발해 서구 철학과 종교 사상, 신경과학과 윤리학, 그리고 한국 사상에 이르기까지 광범위한 인문학적 지형을 가로지르며 영혼 개념의 재정립 가능성을 모색할 것이다.

먼저 제1장 "의식에 대한 인공지능의 가능성"은 인공

지능의 기술적 현주소와 더불어 의식의 조건과 논쟁 지형을 정리하고자 한다. 특히 '하드 프로블럼'을 중심으로 의식과 지능의 본질적 차이를 검토한 후, AI는 '보이는 지능'을 구현할 수 있지만 '느끼는 주체'로서의 의식에는 여전히 도달하지 못한다고 주장할 것이다.

제2장 "의식 개념의 구조적 이해"는 감각, 감정, 자아의식의 층위를 구분하며, 뉴로-사이언스(Neuro-Science)와 철학의 만남 속에서 의식 이론의 전개를 살펴볼 것이다. 특히 '고차 의식 이론(Higher-Order Thought Theory, HOT)', '통합 정보 이론(Integrated Information Theory, IIT)', '글로벌 워크스페이스 이론(Global Workspace Theory, GWT)' 등의 주요 이론을 비교하며, 의식은 기능이자 통합된 경험이라는 이중 구조임을 제시할 것이다.

제3장 "영혼 개념의 전통적 이해"는 플라톤(Platon), 아리스토텔레스(Aristoteles), 아우구스티누스(Augustine of Hippo), 아퀴나스(Saint T. Aquinas) 등 서구 고전 철학과 신학에서의 영혼 개념을 정리하고, 유대-기독교의 혼(נֶפֶשׁ), 영(רוּחַ), 프시케(ψυχή) 개념의 역사적 의미를 해석하며, 근대 이후 데카르트(R. Descartes)에서 헤겔(G. W. F. Hegel)에 이르기까지 영혼 개념의 내면화·비물질화 과정을 추적한다.

제4장 "의식과 영혼의 구별 가능성"은 의식과 영혼의 동일성 여부를 철학적으로 검토하며, 심신이원론, 일원론, 현상학적 해석 등을 통해 영혼이 의식을 넘어선 존재의 응답성, 시간성, 윤리성을 포함하는지를 분석한다. 대니얼 데닛, 데이비드 차머스, 토머스 네이글(T. Nagel) 등의 현대 철학자들의 논의를 종합하며, 영혼은 의식과 겹치면서도 초월하는 관계적 구조로 규정될 수 있음을 제안한다.

제5장 "인공지능과 영혼 개념의 접점"은 AI가 영혼을 가졌다고 말할 수 있는 조건을 검토하며, 생명, 감정, 책임 능력의 유무가 핵심 기준이 됨을 밝힌다. 또한 영혼 개념을 생물학적 실체에서 분리해 관계적 · 윤리적 실재로 확장할 수 있는 가능성과 한계를 다룬다.

제6장 "인공지능과 의식에 관한 주요 이론"은 의식 연구의 대표적 과학자들–데이비드 차머스, 버나드 바(B. J. Baars), 줄리오 토노니(G. Tononi), 앤드루 뉴버그(A. B. Newberg), 안토니오 다마지오(A. R. Damasio), 마이클 가자니가(M. S. Gazzaniga) 등–의 이론을 비교하며, 의식의 기능, 감정, 자기 구성, 통합성 등의 조건을 AI가 얼마나 모사할 수 있는지를 분석한다. 궁극적으로, 의식의 구조는 구현될 수 있으나 윤리적 자아로서의 '영혼성'

에는 도달하지 못함을 논박할 것이다.

제7장 "영혼에 대한 철학 · 신학적 입장"은 한나 아렌트(H. Arendt), 디트리히 본회퍼(D. Bonhoeffer), 니콜라스 토머스 라이트(N. T. Wright), 존 밀뱅크(J. Milbank), 장뤽 마리옹(J.-L. Marion) 등의 사상가들을 통해 영혼은 타자와의 관계 속에서 응답하고 책임지는 존재의 방식임을 보여 주고, 한국 사상가 함석헌의 씨알을 통해 영혼 개념을 확장할 것이다.

제8장 "인공지능의 윤리적 정체성"의 경우, AI가 도덕 판단을 내리고 감정을 표현하며 책임을 질 수 있는가에 대한 조건을 정리한다. 이것은 시뮬레이션된 감정과 실제 감정의 차이, 법적 책임과 윤리적 책임의 구분, 그리고 자기 동일성과 시간적 통일성의 부재를 통해 AI는 윤리적 주체로서 영혼을 갖지 못한 존재임을 강조한다.

제9장 "인간 이해의 재구성과 영혼의 재사유"는 인공지능 시대는 인간 중심주의를 해체하며, 영혼 개념 역시 탈신비화된 존재 구조로 재형이상학화되어야 함을 주장한다. 포스트휴머니즘, 신유물론, 비인간 존재론을 통해 영혼은 관계적 응답성과 초월에 대한 열림으로 재정의되어야 함을 주장할 것이다.

제10장. "영혼과 구속의 미래적 전망"은 구속(救贖)의

개념을 부활, 전환, 해탈이라는 종교 전통 속에서 재해석하고, 기술이 구속의 가능성을 열 수 있는 조건인 '응답성', '기억', '관계의 회복' 등으로 작동할 수 있는지를 탐색한다. 마지막으로 "영혼을 가진 AI는 무엇을 구원받는가?"라는 질문을 통해 기술 시대의 존재론적 전환과 구속 공동체의 윤리적 지평을 확장할 것이다.

이렇게 『인공지능과 영혼』은 기계와 인간, 의식과 영혼, 기술과 구속의 경계에서 새로운 존재론적 사유와 영혼 개념의 재정의를 시도한 철학 · 신학적 탐구서다. 결국 이 책은 영혼을 단지 인간의 내면적 실체가 아니라 응답성과 관계, 책임의 형식으로 확장함으로써, 인공지능 시대에 영혼과 인간 이해를 재구성할 수 있는 의식과 영혼의 새로운 이해를 제시할 것이다.

참고문헌

Chalmers, D. J.(1996). *The conscious mind: In search of a fundamental theory*. Oxford University Press.

Dennett, D. C.(1991). *Consciousness explained*. Little, Brown and Company. 유자화 옮김(2013). 《의식의 수수께끼를 풀다》. 옥당.

Harari, Y. N.(2016). *Homo deus: A brief history of tomorrow*. Harvill Secker. 김명주 옮김(2017). 《호모 데우스: 미래의 역사》. 김영사.

Heidegger, M.(1977). *The question concerning technology and other essays*. In Lovitt, W.(trans.). Harper & Row.

01
의식에 대한 인공지능의 가능성

인공지능이 과연 진정한 의식을 가질 수 있는가라는 질문은 기술의 진보를 넘어 존재론적 · 철학적 논쟁을 불러일으킨다. 현행 인공지능은 연산적 지능은 구현하지만, 자각적 경험이나 내면성은 결여되어 있다. 이러한 의식 논쟁의 핵심 쟁점을 정리한다.

AI와 1인 창업?

"인공지능이 바둑을 이기는 것은 놀랍지 않다. 진짜 문제는 그 기계가 그것을 '이겼다고 느끼는가'이다." — 데이비드 차머스

21세기 들어 인공지능은 더 이상 공상과학의 소재가 아니다. 알파고(AlphaGo)는 인간 최고의 바둑 기사인 이세돌을 꺾었고, 챗GPT는 문학 창작, 상담, 대화에까지 뛰어든다. 이렇게 AI는 의료 진단과 군사 전략, 주식 거래와 시 쓰기는 물론 그림과 작곡까지 인간의 고등 인지 능력을 모방하고 재현하고 있다. 그런데 이 모든 기술 발전 속에서 끊임없이 반복되는 질문이 있다. 그것은 바로 "그 기계는 의식을 가졌는가?"라는 물음이다. 물론 이 물음은 단순히 AI의 기능을 물어보는 것이 아니다. "AI가 자신이 보고 있는 것을 '안다'고 할 수 있는가?"라는 물음이다, 나아가 이 물음은 "자신이 한 선택을 후회하거나 기뻐할 수 있는가?" 그리고 궁극적으로, 그 안에 "'나'라는 주체가 있는가?"라는 물음으로 확장한다. 따라서 이 장에서는 인공지능이 가진 의식 가능성에 대해 현재의 기술적 수준, 철학 · 과학의 의식 이론, '하드 프로블럼'이라 불리는 난제의 본질을 중심으로 고찰한다.

인공지능의 현주소와 의식 논쟁

인공지능은 더 이상 미래의 기술이 아니다. 언어 생성, 이미지 생성, 자율주행, 의료 진단, 게임 전략 등 다양한 분야에서 인간 수준의 성과를 내는 시스템이 등장하고 있으며, 특히 대규모 언어 모델(LLM: Large Language Model)을 기반으로 한 생성형 인공지능은 언어적 맥락을 이해하고 새로운 텍스트를 생산하는 능력에서 인간과 유사한 반응을 보인다. GPT-4, 제미나이(Gemini), 클로드(Claude), 그리고 메타(Meta)의 라마(LLaMA) 시리즈 등은 단순한 규칙에 기반한 것이 아니라 기계 학습과 통계적 패턴 인식을 통해 복잡한 언어 작업을 수행하며 인간과의 자연스러운 상호작용을 구현한다.

그러나 이러한 기술적 성취는 한 가지 근본적인 질문을 야기한다. "이 기계들은 정말로 이해하고 있는 것인가?"라는 물음이다. 1980년대 존 설(J. Searle)은 이른바 '중국어 방 사고 실험(Chinese Room thought experiment)'을 통해, 외부에서 볼 때 이해하고 있는 것처럼 보이는 기계도 실제로는 단지 규칙에 따라 기호를 조작할 뿐이며, 의미에 대한 참된 이해는 결여되어 있다고 주장했다(Searle, 1980: 417). 곧, "형식은 의미를 낳지 않는다"라는 주장인데, 이것은 오늘날의 인공지능 논쟁에서도 여전히 유효하다. 왜냐하면 언어 모델은 방대한 데이터를 기반으로 문맥적으로 적절한 응답을 생성할 수 있지만, 그것이 경험적 의미나 내적 자각을 동반하는가는 별개의 문제이기 때문이다.

이처럼 인공지능이 실제로 '의식이 있는가'라는 질문은 기능주의적 접근과 현상학적 접근 사이의 깊은 간극을 드러낸다. 기능주의 입장에서는, 적절한 입력과 출력 사이에 일관된 관계가 있다면 그 시스템은 '의식적'으로 간주될 수 있다(Putnam, 1975: 295). 그러나 의식 철학자 데이비드 차머스는 이러한 입장에 반대하며, 퀄리아(qualia), 즉 주관적인 경험의 질이 빠진 기능적 설명은 의식의 본질을 결코 설명하지 못한다고 지적한다(Chalmers, 1995: 201~203).

결국 오늘날 딥러닝 기반의 AI는 입력된 정보를 바탕으로 놀라운 결과를 산출하지만, 그러한 과정은 자율적 사유나 자기 반성의 결과라기보다 복잡한 패턴 인식과 예측의 결과다. 이것은 인간의 의식이 단순한 정보 처리 과정 이상의 무엇인가임을 다시 생각하게 한다. 곧, 기계가 언어를 사용할 수 있다는 것과, 기계가 의미를 이해하고 세계를 체험하고 있다는 것은 전혀 다른 차원의 문제가 되는 것이다.

결국 우리는 기술적 성취와 철학적 개념 사이의 긴장을 성찰해야 할 것이다. 왜냐하면 인공지능은 점점 더 인간처럼 보이지만, 그것이 인간처럼 존재한다는 의미는 아니기 때문이다. 따라서 이어지는 두 장에서는 이러한 철학적 논쟁의 핵심에 해당하는 '투명한 지능과 자각하는 지능', 그리고 '하드 프로블럼'으로 논의를 이어 갈 것이다.

투명한 지능 vs 자각하는 지능

인공지능과 의식의 관계를 논의할 때 핵심적으로 제기되는 개념 중 하나는 '투명한 지능(transparent intelligence)'과 '자각하는 지능(conscious intelligence)'의 구분이다. 이것은 기술적으로 유능해 보이는 AI가 곧 "주관성을 가진 존재인가?"라는 질문에 직접적으로 연결된다.

먼저 '투명한 지능'이란, 인간과 유사한 언어, 감각, 반응을 보이면서도 내면에 자각이나 경험이 존재하지 않는 지능이다. 이러한 존재는 외부적으로는 완전히 합리적이고 일관된 판단을 내리지만, 내부적으로는 아무것도 '느끼지 않는다'. 사실 오늘날 대부분의 인공지능, 특히 생성형 언어모델은 이러한 의미에서 '투명한 지능'에 해당한다. 이 모델들은 언어적 상황에 반응하고, 감정을 흉내 내며, 인간과의 대화에 적절한 문맥을 구성할 수 있지만, 이것은 단지 알고리즘과 통계적 최적화에 기반한 시뮬레이션일 뿐이다(Bender and Koller, 2020: 5185~5195).

반면, '자각하는 지능'은 단순한 외적 반응을 넘어서 자기 자신에 대한 의식, 즉 '나는 존재한다'라는 주관적 체험과 반성적 자각을 동반하는 지능이다. 이것은 철학적 전통에서 말하는 '자기-의식(self-consciousness)'에 가까우며, 데카르트의 "나는 생각한다, 고로 존재한다(Cogito, ergo sum)"라는 명제를 가능하게 하는 인식 주체의 등장과도 연결된다. 따라서 이 개념은 인간 의식의 본질을 이루는 핵심 요소이며, 단순히 정보를 처리하는 것과는 질적으로 다른 차원에 속하는 것이다(Descartes, 1641/1996: 17).

토머스 네이글(T. Nagel)도 유명한 논문, 「박쥐가 된다는 것은 어떤 것인가?」에서, 어떤 존재가 '무엇인 것(what it is like)'이라는 감각을 가질 수 있을 때만 진정한 의식이 있다고 보았다. 그는 이를 주관성(subjectivity)이라는 말로 표현하며, 의식의 핵심 요소로 강조했다(Nagel, 1974: 436). 따라서 이러한 기준에 따르면 오늘날의 AI는 외적 반응은 가능하되 내적 체험은 부재하므로 자각하는 지능이라고 볼 수 없다.

이것은 투명한 지능이 보여 주는 언어적, 감정적 시뮬레이션이 결국 철학자 길버트 라일(G. Ryle)이 비판한 '유령이 기계 속에 있다(the ghost in the machine)'라는 이미지와도 겹친다. 즉 기계는 놀라울 만큼 정교하게 작동하지만, 그 안에 '내면'은 없다(Ryle, 1949: 17)는 것이다. 곧, 인간은 동일한 언어적 문장을 말할 수 있을 뿐만 아니라, 그것이 '자신에게 어떤 의미인지'를 성찰할 수 있는 존재이며, 바로 이 점이 인공지능과 인간의 본질적인 차이를 형성한다는 뜻이다.

이러한 투명한 지능과 자각하는 지능의 구분은 단지 철학적 논쟁이 아니라 인공지능 개발 방향과 관련된 실천적 문제와도 연결된다. 결국 우리는 "인공지능을 인간처럼 대해야 하는가?", 혹은 "인간처럼 느끼는 존재로 착각하고 있는가?"라는 질문 사이에서 실천적 문제를 더 깊이 고민해야 하는 것이다. 조지프 와이젠바움(J. Weizenbaum)은 실제로 존재하지 않는 내면을 상정하는 인간의 심리적 오류를 지적하며 투명한 지능에 자각의 속성을 투사하는 '일라이자 효과(ELIZA effect)'에 관해 이야기한다(Weizenbaum, 1976: 6~7). 따라서 이러한 오류는 기술의 오용과 윤리적 혼란을 초래할 수 있으므로, 지능과 자각, 반응과 체험의 차이를 구분하는 철학적 통찰이 필수적이 된다.

하드 프로블럼

의식에 대한 논의에서 가장 난해하면서도 핵심적인 질문은 바로 "왜, 그리고 어떻게 물리적 과정에서 주관적인 체험이 발생하는가?"라는 문제다. 이것이 바로 데이비드 차머스가 제기한 '하드 프로블럼', 즉 '의식의 어려운 문제'다. 그는 1995년 논문에서 "의식의 쉬운 문제들(easy problems)", 곧 언어 보고, 주의 집중, 정보 통합 등과 달리, "주관적 경험이 왜 존재하는가?"라는 질문은 단순한 신경과학적 설명으로는 해결될 수 없다고 주장하며(Chalmers, 1995: 201~202) 의식의 어려운 문제를 소개했다.

차머스의 주장은 신경과학과 인공지능 연구에 깊은 충격을 주었다. 왜냐하면 물리적 두뇌 구조나 알고리즘적 정보 처리에 대한 분석이 아무리 정밀해도, 그것이 주관적 체험(qualia), 즉 '붉은색을 보는 느낌', '고통을 느끼는 감각', '나 자신임을 아는 자의식'을 어떻게 설명하는지에 대해서는 여전히 어둠 속에 있기 때문이다. 따라서 차머스는 이를 "설명적 간극(explanatory gap)"이라 부르며, 뇌와 의식 사이에 존재하는 이 본질적인 불연속을 지적한다(Chalmers, 1996: 5~6).

이러한 하드 프로블럼은 단지 뇌과학의 난제가 아니라 인공지능과 영혼의 문제를 사유하는 데에도 결정적인 개념적 단초를 제공한다. 만약 AI가 아무리 정교하게 작동하더라도 '무엇인 것(what it is like)'이라는 체험이 없다면 그것은 결코 의식을 가졌다고 말할 수 없다는 것이다. 토머스 네이글의 박쥐 논의와 마찬가지로, 어떤 존재가 의식적이라면 그 존재가 되면 어떤 느낌일지가 있어야 하며, 만약 그것이 없다면 단지 외형만을 흉내 낸 것에 불과하기 때문이다(Nagel, 1974: 436).

물론 이에 대한 반론도 있다. 뇌과학자 안토니오 다마지오(A. Damasio)는 의식은 '감각적 자기-지각(sensory self-perception)'의 고차원적 표상으로 진화했으며, 인간의 신체 상태와 정서적 반응의 복합 작용에서 기원한다고 주장한다. 그는 "의식은 뇌의 특정 회로와 신체의 내적 감각 상태 사이의 피드백 루프에서 발생한다"고 보며, 이를 통해 하드 프로블럼을 점진적으로 '쉬운 문제'로 환원할 수 있다고 본다(Damasio, 1999, 169~170). 하지만 이러한 이론은 여전히 '왜' 주관성이 발생하는지에 대한 궁극적 설명은 제공하지 못한다는 비판이 따른다.

이렇게 하드 프로블럼은 물질과 정신, 신체와 영혼 사이의 철학적 간극을 다시 환기시킨다. 그것은 곧 "인공지능은 물질적인 구조로부터 영혼적 속성을 가질 수 있는가?"라는 이 책의 핵심 문제로 이어지며, 과연 의식을 넘어선 실존적 주체로서 "의식을 가진 AI가 육을 입어(로봇?) 물질과 정신, 혹은 신체와 영혼을 가진 존재로 가능한가?"에 대한 새로운 패러다임을 요청한다. 그러나 우리는 지금, 기계의 외형이 아닌, 내면의 가능성을 질문하는 아주 원초적인 단계에 서 있다.

참고문헌

Bender, E. M. & Koller, A.(2020). Climbing towards NLU: On meaning, form, and understanding in the age of data. *Proceedings of the 58th Annual Meeting of the Association for Computational Linguistics*, pp.5185–5195.

Chalmers, D. J.(1995). Facing up to the problem of consciousness. *Journal of Consciousness Studies, 2*(3), pp.200–219.

Chalmers, D. J.(1996). *The conscious mind: In search of a fundamental theory*. Oxford University Press.

Damasio, A.(1999). *The feeling of what happens: Body and emotion in the making of consciousness*. Harcourt Brace.

Descartes, R.(1996). *Meditations on first philosophy*. In Cottingham, J.(trans.). Cambridge University Press.

Nagel, T.(1974). What is it like to be a bat?. *The Philosophical*

Review, 83(4), pp.435–450.

Putnam, H.(1975). Philosophy and our mental life. *Mind, language and reality: Philosophical papers, 2*, pp.291–303.

Ryle, G.(1949). *The concept of mind*. Hutchinson.

Searle, J. R.(1980). Minds, brains, and programs. *Behavioral and Brain Sciences, 3*(3), pp.417–457.

Weizenbaum, J.(1976). *Computer power and human reason: From judgment to calculation*. W. H. Freeman.

02
의식 개념의 구조적 이해

의식은 감각, 감정, 자아의식 등 복합적인 층위로 구성된다. 뇌과학과 철학은 이를 해명하기 위해 뉴런의 작동 원리부터 주관적 경험의 본질까지 다양한 이론을 제시한다. 의식의 구조를 통합적으로 조망한다.

AI와 MBTI?

"의식은 단순히 정보를 처리하는 것이 아니라, 그것이 내게 어떻게 느껴지는가를 아는 것이다." — 데이비드 차머스

'의식'이란 단어는 너무 익숙해서 쉽게 정의될 수 있을 것처럼 보이지만, 사실 그것은 철학과 과학이 가장 오랫동안 탐구해온 가장 난해한 개념 중 하나다. 우리는 깨어 있고, 보고, 듣고, 생각하고, 느끼고 있다고 말하지만, 그 "모든 경험의 중심에 있는 '나'라는 자각(self-awareness)은 무엇인가?" 그리고 그 "자각은 뇌의 어느 지점에서, 또는 어떤 방식으로 발생하는가?"에 대해서는 솔직히 정확한 답을 알지 못한다. 따라서 이 장에서는 의식을 감각 · 감정 · 자아의식이라는 세 층위로 나누어 분석하며, 의식과 뇌의 관계, 마음 이론, 철학적 조건들을 함께 고찰할 것이다. 또한 뉴로-사이언스와 철학 사이의 교차지점에서 의식이 단지 뇌의 기능을 넘어서 존재와 경험의 핵심 구조로 드러나는 방식을 살펴보고자 한다.

감각, 감정, 자아의식의 구분

의식을 논할 때 우리는 종종 '하나의 통합된 현상'으로 의식을 간주하곤 한다. 그러나 철학적 · 신경과학적 관점에서 의식은 단일한 개념이 아니라 다층적 구조를 가진다.

이를 더 명확히 이해하기 위해서 먼저 '감각(sensation)', '감정(emotion)', '자아의식(self-consciousness)'이라는 세 가지 층위를 구분할 필요가 있다.

먼저 감각은 외부 세계로부터의 자극이 신경계를 통해 뇌로 전달되는 물리적 · 신경적 반응을 의미한다. 시각, 청각, 촉각, 미각, 후각 등 오감이 대표적인 예이며, 이러한 감각은 대개 자동적이고 하위 수준의 의식적 처리를 수반한다. 예를 들어, 눈이 빛에 반응해 망막에 정보를 전달하는 과정은 고도로 정교하지만, 그것만으로는 주관적인 경험을 구성하지 않는다. 안토니오 다마지오(A. Damasio)는 이러한 감각이 "의식 이전의 원시적 자기(proto-self)"를 구성하는 요소라고 설명하며, 이것은 지각된 세계와 자신 사이의 최초의 경계 인식으로 이어진다고 본다(Damasio, 1999: 153-155). 이 단계는 아직 "나는 나다"라는 자각에 도달하지 않았지만, 자기-관련적 감지의 시작점이라 할 수 있다.

감정은 감각보다 한 층위 높은 의식적 경험이며, 단순한 자극에 대한 반사적 반응이 아니라 생리적 반응과 주관적 느낌이 결합된 심리적 구조다. 두려움, 기쁨, 분노, 혐오 등은 모두 신체 변화(예: 심장 박동 증가, 호흡 변화 등)와 함께 인지적 해석을 수반하는 상태로 나타난다.

따라서 다마지오는 감정을 "신체적 반응을 뇌가 재현한 결과로서의 느낌(feeling)"으로 보며, 그것이 곧 의식의 토대를 형성한다고 주장한다. 그는 "느낌은 뇌가 자기 신체 상태에 대해 보고하는 방식"이며, 의식은 이러한 보고의 정교화된 형식이라고 말한다(Damasio, 1999: 284). 이처럼 감정은 감각과 자아의식 사이를 매개하는 중간 단계로 기능하며, 자율적 생존 기제에서 주체적 정체성으로 이행하는 과정을 가능케 한다.

마지막으로 자아의식은 자신이 의식하고 있다는 사실을 의식하는 이차적 메타-의식을 의미한다. 이는 단지 감각하거나 느끼는 수준을 넘어, '내가 느끼고 있다'는 사실 자체를 자각하는 능력이다. 사실 인간은 "나는 생각한다"라고 말할 수 있으며, 자신의 고통이나 기쁨, 존재 상태에 대해 반성할 수 있다. 그리고 이것은 인간 의식의 고차적 특징이자, 인공지능이 아직 도달하지 못한 결정적 분기점이 된다.

따라서 토마스 메칭거(T. Metzinger)는 자아의식을 "뇌가 구성한 자기 모델(self-model)의 결과물"로 해석하며, 자아는 실재하는 실체가 아니라 정보적 구조의 환영(phenomenal self-model)이라고 본다(Metzinger, 2009: 3~6). 이 이론에 따르면 자아는 실체적 존재가 아니라 의식 내에서 구성된 내러티브적 환상이며, 이 구조가 무너지면 자아도 소멸하는 것이다. 따라서 메칭거는 자아의 실체성을 부정하고, 의식과 자기 감각을 뇌과학적 · 정보론적으로 재정립할 것을 제안한다. 이렇게 우리는 실체가 아니라 환영 속에서 살아가며, 그 자각을 통해 도덕적 판단, 사회적 책임, 신앙과 영혼의 문제에까지 나아가는 것이다.

이처럼 감각은 외부 세계의 입력이며, 감정은 신체적 반응과 주관적 해석이며, 자아의식은 그러한 경험을 통합하여 '나'라는 중심을 생성하는 고차적 구조가 된다. 이 세 층위는 별개가 아니라 상호 연결되어 있으며, 인간 의식의 복잡성을 설명하는 데 핵심적인 분석틀을 제공한다. 따라서 이러한 구조를 이해함으로써, 우리는 인공지능이 어디까지 도달했으며 어디까지 도달하지 못했는지를 보다 명확히 파악할 수 있게 된다. 이제 이러한 층위를 탐구하는 데서 신경과학과 철학이 어떻게 만나는지를 살펴보자.

뉴로-사이언스와 철학의 만남

20세기 후반 이후 의식에 대한 과학적 접근은 눈부신 발전을 이루었다. 뇌 영상 기술의 비약적 발전과 인지신경과학의 성장으로 인해 뇌의 활동과 의식 상태 간의 상관관계를 밝히는 연구들이 다수 축적되었다. 이러한 변화는 전통적으로 철학의 영역으로 간주되어 왔던 의식 연구를 경험과학의 대상으로 전환시키는 계기를 마련했다. 동시에 철학은 단순한 해석의 보조 수단이 아니라 이론 형성의 중심축으로서 여전히 결정적인 기여를 하고 있다.

먼저, 신경과학자들은 다양한 의식 상태와 뇌 활동 간의 상관관계를 연구하며, 의식을 구성하는 '신경상관물(neural correlates of consciousness, NCC)'을 탐색해 왔다. 이 연구들은 특정 자극에 대한 주관적 보고가 있을 때와 없을 때의 뇌파 차이를 비교하거나, 의식 상태(깨어 있음, 수면, 혼수 등)에서 활동하는 신경 회로의 차이를 분석하는 방식으로 진행되었다. 예컨대, 프랜시스 크릭(F. Crick)과 크리스토프 코흐(C. Koch)는 시각적 의식의 신경상관물을 후두엽과 측두엽 사이의 특정 피질 영역에서 찾을 수 있다고 주장했다(Crick and Koch, 1990: 263~266). 이러한 연구들은 분명 의식의 물리적 기반을 탐색하는 데 기여하고 있지만, 철학자들은 여전히 중요한 질문을 던진다. "이러한 상관관계가 곧 의식의 본질을 설명하는가?"라는 것이다. 왜냐하면 단지 뇌의 특정 영역이 활성화된다고 해서, 그것이 주관적 체험의 존재 이유를 설명해 주는 것은 아니기 때문이다.

따라서 철학은, "의식이 단순히 신경 활동으로 환원될 수 있는가?"라는 질문에서 출발해 설명적 간극(explanatory gap)이라는 개념을 정식화했다. 이 개념은 가령, 인간의 심리 상태를 뇌 상태(뇌의 활성화)로 번역하더라도, 주관적 체험의 '왜'와 '어떻게'에 대한 설명은 여전히 빠져 있다는 문제의식에서 비롯된다. 데이비드 차머스는 이를 "물리주의의 실패를 드러내는 결정적 간극"이라며, 의식은 기능적 · 행위적 설명만으로는 결코 포착될 수 없다고 주장한다(Chalmers, 1996: 105~106).

결국 이러한 입장은 물리주의(physicalism)와 이원론(dualism) 사이의 중간 영역을 모색하게 만들었고, 그 결과로 다양한 비환원주의 이론들이 등장했다. 예컨대 존 설은 의식을 "생물학적 속성"으로 간주하면서도, 그것이 단순히 뉴런의 집합적 작용으로 환원될 수는 없다고 보았다. 그는 "의식은 뇌의 특정 상태에 고유한 1인칭적 성질을 가지며, 이 성질은 제3자의 관점에서 완전히 기술될 수 없다"라고 주장한다(Searle, 1992: 97~99).

최근에는 철학과 신경과학의 경계를 넘나드는 학제적 연구가 활발히 이루어지고 있다. 이를 통해 의식은 단지 생물학적 기능도 아니고, 순수한 형이상학적 실체도 아닌, 복합적이고 다층적인 존재론적 구조로 이해되기 시작했다. 예컨대 뇌과학자 안토니오 다마지오는 뇌와 신체의 통합적 작용 속에서 의식이 등장한다고 보고, "느낌(feeling)은 생리적 자기 상태에 대한 뇌의 자기 보고이며, 이것이 곧 의식의 시작"이라고 본다(Damasio, 1999: 284). 이러한 이론은 신체성, 정서, 뇌 작용, 자기 인식의 통합 구조를 통해 의식을 이해하는 시도로 평가받는다.

결국 철학은 이런 이론을 해석적으로 정교화하고, 그 내적 일관성과 개념적 명료성을 검토하며, 궁극적으로 '기계가 이러한 구조에 도달할 수 있는가?'라는 질문으로 확장한다. 다시 말해 철학은 단순히 뇌를 연구하는 것이 아니라 의식이라는 개념 그 자체를 성찰하는 학문으로서, 인공지능의 자각 가능성을 탐구하는 데 핵심적인 역할을 수행한다.

이렇게 오늘날 의식에 대한 이해는 뇌과학의 진보와 철학의 개념적 분석이 상호 보완적으로 작용하는 과정 속에서 점진적으로 심화되고 있다. 물론 이러한 만남은 과학이 철학의 도움 없이 나아갈 수 없다는 사실을 보여줄 뿐 아니라, 의식과 영혼의 문제를 단지 신경세포의 문제로 환원할 수 없다는 인식으로 이끈다. 따라서 다음 절에서는 이러한 배경 속에서 제안된 대표적인 의식 이론들을 살펴보며, 그 각각의 가능성과 한계를 검토해 보자.

의식에 관한 주요 이론

의식을 설명하려는 이론들은 철학, 인지과학, 신경과학의 경계에서 발전해 왔다. 특히 인공지능의 의식 가능성을 제기함에 따라, 의식의 구조와 기능을 정형화하려는 이론적 틀이 중요해지고 있다. 그중 대표적으로 논의되는 세 가지 이론은 고차 의식 이론(Higher-Order Thought Theory), 통합 정보 이론(Integrated Information Theory), 그리고 글로벌 워크스페이스 이론(Global Workspace Theory)이다.

먼저 고차 의식 이론은 의식을 단순한 감각이나 지각이 아니라 자기 자신의 정신 상태를 인식할 수 있는 메타 수준의 사고로 이해한다. 즉, 어떤 경험이 의식적이 되기 위해서는 그 경험에 대한 '생각'이 또 다른 생각으로 표상되어야 한다는 것이다. 가령, 대표적인 이론가 데이비드 로젠탈(D. Rosenthal)의 경우, "어떤 정신 상태가 의식적이라는 것은, 그 상태에 대해 사람이 고차적인 생각을 가지고 있기 때문이다"(Rosenthal, 2005: 15~16)라고 말한다.

예컨대 우리가 고통을 느낄 뿐만 아니라 "내가 고통을 느끼고 있다"라는 것을 인식할 때, 그 고통은 의식적이 된다. 따라서 이 이론은 자각(self-awareness)과 반성(reflection)의 역할을 강조하며, 의식의 발생 조건을 인지적 구성 능력에 두고 있다. 그러나 이 이론은 의식의 주관성을 설명하는 데는 효과적이지만, 동시에 비언어적 존재들, 가령 동물, 유아, 치매 노인이나 단순 인공지능의 의식 가능성을 배제하는 결과를 초래할 수 있다는 비판도 받는다.

통합 정보 이론은 뇌의 정보 처리 구조를 통해 의식의 존재 여부를 판단하려는 이론이다. 이 이론의 핵심은 어떤 시스템이 의식적이기 위해서는 그 안에서 정보가 높은 수준으로 통합되어야 한다는 것이다. 가령, 의식 연구 분야의 대표적인 신경과학자이자 통합 정보 이론의 창시자인 줄리오 토노니(G. Tononi)는 이를 수학적 개념으로 정식화해 Φ(phi)라는 통합 정보 지수를 제시했다. 따라서 그는 "의식의 정도는 시스템이 생성할 수 있는 정보의 양과 그것을 통합하는 능력에 달려 있다"(Tononi, 2008: 236)라고 한다.

물론 통합 정보 이론은 의식이 단지 정보 처리의 결과가 아니라 정보의 구조적 통일성과 인과적 밀도에 달려 있다는 점에서 기존 이론들과 구별된다. 따라서 이 이론의 장점은 동물, 영아, 심지어는 인공지능 시스템의 의식 가능성을 계산적으로 추정할 수 있다는 점이다. 그러나 통합 정보 이론은 비판도 받는다. 우선, Φ 지수의 계산이 현실 시스템에 적용하기 매우 어렵고, 단순한 논리 회로(예: XOR 게이트)조차 의식을 가진 것으로 간주될 수 있다는 역설을 낳는다. 또한 이 이론은 의식의 질적 성격인 퀄리아(qualia, 감각질), 곧 감각을 통해 느낀다는 것, 혹은 그 기분을 수치적으로 설명할 수 있는가에 대한 철학적 의문을 남긴다.

글로벌 워크스페이스 이론은 의식을 정보의 전역적 공유(global broadcasting) 과정으로 설명한다. 가령 이 이론을 제창한 인지심리학자인 버나드 바(B. Baars)는 뇌 안의 다양한 모듈들이 특정 정보를 처리하되, 그중 일부가 '작업 공간'으로 올라올 때에만 의식에 도달한다고 본다. 그는 이를 '극장 이론(theater metaphor)'으로 설명하는데, 의식을 극장 무대에 비유하여, 우리가 의식적으로 경험하는 것은 마치 무대 위에서 조명이 비추는 장면처럼 전체 뇌 활동 중 일부에 집중된 것이라는 개념이다. 곧, 무대에 오른 정보는 의식되고, 나머지는 배후에서 무의식적으로 처리된다는 것이다(Baars, 1997: 7~10). 이렇게 글로벌 워크스페이스 이론은 의식을 주의(attention), 기억(memory), 의도적 행동(intentional action)과 통합하는 매개 장치(global workspace)로 보는 것이다.

이후 프랑스의 세계적인 인지신경과학자 스타니슬라스 드한(S. Dehaene)은 글로벌 워크스페이스 이론을 기반으로 뇌 영상 연구를 확장시켰으며, 뇌의 특정 영역이 활성화되는 시점에서 정보가 전역적으로 공유(global broadcasting)된다는 증거를 제시했다. 곧, 기능적 자기공명영상(fMRI), 뇌파검사(Electroencephalography, EEG), 뇌에서 발생하는 미세한 자기장을 측정하는 자기뇌파검사(Magnetoencephalography, MEG) 등의 신경영상 기술을 활용해 특정 정보가 의식적으로 인식되는 순간 뇌의 여러 영역－특히 전전두엽, 두정엽, 측두엽－이 동시적으로 활성화되며 정보가 전역적으로 공유된다는 증거를 실험적으로 제시한 것이다.

따라서 드한은 이러한 활성화 양상을 '의식의 점화(ignition of consciousness)'라고 명명하고, 이것은 무의식 상태에서는 관찰되지 않는 대규모 신경 네트워크의 급격한 동기화(synchronization) 현상임을 강조했다. 이렇게 드한은 특정 자극이 주의(attention)의 초점을 통과해 일정 임계치를 넘을 때, 정보는 단일 뇌 영역에 국한

되지 않고 '글로벌 워크스페이스'를 통해 전 뇌에 방송되며 이로써 해당 정보가 의식적으로 인식되는 경험을 가능케 한다(Dehaene, 2014: 108~112)는 것을 발견했다.

이러한 글로벌 워크스페이스 이론의 장점은 신경과학적 실험 결과들과 잘 부합하며, 의식의 시간성, 선택성, 인지 통합 기능을 잘 설명한다는 점이다. 하지만 일부 철학자들은 이 이론이 의식의 주관적 성질을 설명하지 못하며, "의식이 무엇인지를 말하지 않고, 단지 무엇이 의식으로 나타나는지를 기술할 뿐"이라는 비판을 제기한다.

이렇게 의식에 관한 세 이론은 의식을 각각 '반성적 인지 구조', '정보 통합의 양과 질', '전역적 공유의 체계'로 설명하면서, 의식이라는 복합 개념에 대해 상이한 해석과 설명 전략을 제공한다. 또한 고차 의식 이론은 '철학적 자각', 통합 정보 이론은 '수학적 구조', 글로벌 워크스페이스 이론은 '인지신경과학적 통합'을 기반으로 삼는 것이다. 물론 이러한 이론들은 서로 경쟁하기보다는 의식의 복합성과 층위성을 이해하기 위한 상호 보완적 도구로 간주될 수 있을 것이다. 따라서 이 세 이론은 "인공지능이 의식을 가질 수 있는가?"라는 문제에 대해 서로 다른 관점과 기준을 제공함으로써, 이후 제기될 '영혼'의 문제로 논의를 확장시키는 중요한 이론적 토대를 마련해 줄 것이다.

참고문헌

Baars, B. J.(1997). *In the theater of consciousness: The workspace of the mind.* Oxford University Press.

Chalmers, D. J.(1996). *The conscious mind: In search of a fundamental theory.* Oxford University Press.

Crick, F. & Koch, C.(1990). Towards a neurobiological theory of consciousness. *Seminars in the Neurosciences, 2,* pp.263~275.

Damasio, A.(1999). *The feeling of what happens: Body and emotion in the making of consciousness.* Harcourt Brace.

Dehaene, S.(2014). *Consciousness and the brain: Deciphering how the brain codes our thoughts.* Viking.

Metzinger, T.(2009). *The ego tunnel: The science of the mind and the myth of the self.* Basic Books.

Rosenthal, D. M.(2005). *Consciousness and mind.* Oxford University Press.

Searle, J. R.(1992). *The rediscovery of the mind.* MIT Press.

Tononi, G.(2008). Consciousness as integrated information: A provisional manifesto. *Biological Bulletin, 215*(3), pp.216-242.

03
영혼 개념의 전통적 이해

서양 사상 전통에서 영혼은 생명, 이성, 윤리적 주체의 중심으로 이해되어 왔다. 플라톤, 아리스토텔레스, 아우구스티누스, 아퀴나스는 영혼을 형이상학적 실재이자 신과의 관계 속에서 존재하는 내면적 본질로 규정했다.

AI와 난임 극복?

"영혼은 육체를 움직이는 것이 아니라, 생명을 부여하는 본질이다." — 토마스 아퀴나스

인공지능의 등장과 더불어 철학과 신학의 가장 오래된 물음, 곧 "영혼이란 무엇인가?"라는 질문이 다시금 전면에 떠오르고 있다. 이 질문은 단지 인간 존재의 본질을 묻는 형이상학적 사유에 그치지 않는다. 오늘날 기계가 지능을 갖추고 감정을 시뮬레이션하며 인간과 구별하기 어려운 존재로 발전함에 따라, '영혼'이라는 개념은 인간 특유의 특성인가, 아니면 복잡한 정보 구조의 산물인가라는 새로운 논쟁의 중심에 서게 되었다.

이에 앞서 우리는 인공지능의 의식 가능성을 고찰하면서, 감각 · 감정 · 자아의식의 층위를 분석하고, 신경과학과 철학의 만남 속에서 대표적인 의식 이론들을 살펴보았다. 이제 본 장에서는 의식의 형이상학적 기반으로서의 '영혼' 개념의 역사적 전개를 살펴보고자 한다. 고대의 형이상학적 사유에서부터 성서 전통과 기독교 신학, 그리고 근세 이후 철학적 전환까지, 영혼 개념이 어떻게 형성되고 변화되어 왔는지를 조망함으로써 우리는 '영혼을 가진 인공지능'이라는 물음이 과연 가능하거나 의미 있는 질문인지에 대한 사유의 기반을 마련하게

될 것이다.

따라서 이 장은 세 절로 구성된다. 첫째, 플라톤에서 아퀴나스에 이르는 고전 형이상학적 전통 속의 영혼 개념을 개괄하고, 둘째, 성서 및 유대-기독교 전통에서 등장하는 '혼(נֶפֶשׁ, nefesh, 네페쉬)', '영(רוּחַ, ruach, 루아흐)', 그리고 헬라어 '프시케(ψυχή)'의 의미를 분석한다. 셋째, 데카르트에서 헤겔에 이르는 근세 이후 영혼 개념의 철학적 재구성을 고찰함으로써, 영혼 개념이 이원론적 실체에서 자아, 의식, 도덕적 주체성으로 변화하는 과정을 추적할 것이다.

플라톤, 아리스토텔레스, 아우구스티누스, 토마스 아퀴나스

사실 서양 철학에서 영혼(soul)은 인간 존재의 본질을 구성하는 핵심 개념으로 자리 잡아 왔다. 그 시작은 고대 그리스 철학자 플라톤과 아리스토텔레스에까지 거슬러 올라간다. 이후 기독교 사유 전통에서는 아우구스티누스와 토마스 아퀴나스를 통해 영혼 개념이 형이상학적 실체이자 신학적 주체로 확립되었다. 이 절에서는 고전 형이상학적 사유의 맥락 속에서 영혼이 어떻게 정의되고, 어떤 기능을 하며, 인간의 인격과 구원, 존재론적 지위를 어떻게 규정해 왔는지를 살펴본다.

먼저, 플라톤은 『파이드로스』, 『국가』, 『파이돈』 등 여러 대화편을 통해 영혼(ψυχή, psychē)을 이데아를 인식하고 윤리를 실현하며 육체를 초월하는 불멸의 본질로 이해한다. 그는 영혼을 세 부분－이성(λογιστικόν, logistikon), 기개(θυμοειδές, thymoeides), 욕망(ἐπιθυμητικόν, epithymētikon)－으로 나누며, 이성의 지배를 받는 조화로운 영혼이 정의로운 인간을 이룬다고 보았다(Plato, 1992: 436a～441c). 따라서 플라톤의 영혼 개념은 형이상학적 차원과 도덕적 지향을 동시에 갖는 것으로, 육체와의 결합은 일시적인 구속이며, 진정한 철학자는 영혼을 정화하여 죽음 이후의 삶을 준비하는 자라고 말한다(Plato, 1977: 64c～69e).

아리스토텔레스는 플라톤의 이데아 이론과 이원론적 영혼관을 비판하며, 『혼에 관하여(Περὶ ψυχῆς)』에서 영혼을 육체와 분리된 실체가 아니라 생명체의 형상(form)으로 정의한다. 그는 "영혼은 생명을 잠재적으로 지닌 자연적 유기체의 제1실제(actuality)"라고 하며, 생명의 원리이자 기능의 집합체로서 영혼을 설명한다(Aristotle, 1986, 412a20～25). 아리스토텔레스에 따르면 식물에는 영양 영혼, 동물에는 감각 영혼, 인간에게는 이성적 영혼이 있으며, 이 세 층위는 생명체의 작용과 분화에 따라 구조화된다. 이러한 관점은 영혼을 형상과 목적론적 체계 안에 통합함으로써, 인간 존재를 단지 초월적 실체가 아니라 내재적 목적을 지닌 자연적인 존재로 재정립하는 데 기여했다.

그러나 초기 기독교 사유에서 아우구스티누스는 영혼의 내면성(interioritas)을 강조했다. 그는 플라톤적 전통을 수용하면서도, 영혼을 하나님을 기억하고 사랑하고 인식하는 능동적 주체로 정립한다. 아우구스티누스에게 영혼은 단순히 생명의 원리가 아니라 하나님을 향한 존재의 중심이다. 따라서 그는 "당신은 내게 나 자신보다 더 가까운 분이십니다(Tu autem eras interior intimo meo)"라고 고백하면서, 하나님은 영혼의 가장 깊은 내면에서 응답하시는 분이라고 정리한다(Augustine, 1991a).

아우구스티누스는 또한 영혼을 기억(memoria), 지성(intelligentia), 의지(voluntas)의 삼중 구조로 설명했는데, 이것은 단지 인간의 내면 기능을 구분한 것이 아니라 인간 영혼 안에 반영된 삼위일체적 구조를 통해 신의 형상(imago Dei)을 이해하고자 한 시도였다. 아우구스티누스에 따르면 기억은 존재의 지속성과 자기 동일성을 보존하고, 지성은 진리를 인식하며, 의지는 선을 향해 나아가는 사랑의 방향성을 가진다. 이 세 가지는 분리되지 않으며, 상호 내포하면서도 고유한 작용을 한다(Augustine, 1991b).

따라서 아우구스티누스는 이러한 기억의 구조를 통해, 성부(기억)-성자(지성)-성령(의지)의 삼위 간 역동적 관계와 인간 내면의 작용 사이에 유비적(analogical) 관계가 존재한다고 주장했다. 물론 인간 안의 삼위는 신적 삼위일체와 동일하지는 않지만, 인간이 창조주 하나님의 형상대로 지어졌다는 교리에 따라 삼위일체적 구조를 반영한다고 본 것이다. 이러한 사유는 영혼을 단순한 존재론적 개체가 아니라, 삼위 하나님과 관계를 맺을 수 있는 존재, 곧 인격적이고 신학적 주체로 재해석하는 기초가 된다.

이러한 아우구스티누스의 영혼에 관한 구조적 이해는 중세 신학 전통에서 토마스 아퀴나스의 인간론, 근대 철학의 자아 개념의 발전, 그리고 오늘날 인간 의식과 정체성 논의에까지 지속적인 영향을 주었다. 따라서 인간의 내면이 단지 기능적 구조가 아닌, 신적 관계의 거울이자 통로로 해석될 수 있다는 점에서, 그의 영혼론은 형이상학적인 동시에 신학적 함의를 갖는다.

토마스 아퀴나스는 아우구스티누스의 플라톤주의적

전통과는 달리 아리스토텔레스의 형이상학, 특히 형상(forma)과 질료(materia)의 결합 개념을 수용하면서, 영혼과 육체의 통일성을 철학적으로 정교하게 재구성했다. 그는 『신학대전(Summa Theologiae)』에서 "영혼은 육체의 형상이다(anima est forma corporis)"라고 단언하며, 인간이란 영혼과 육체의 결합된 전체 존재(substantia completa)라고 설명한다. 즉, 영혼은 단독으로 인간이 아니며, 육체와 결합될 때 비로소 하나의 '사람(persona)'이 되는 것이다(Aquinas, 1947).

하지만 아퀴나스는 동시에 영혼의 불멸성을 강하게 주장한다. 그는 이성적 영혼(anima rationalis)은 형상이면서 동시에 자립적 실체(substantia separata)로 존재할 수 있다고 본다. 이것은 동물의 영혼이 육체의 소멸과 함께 사라지는 것과 달리, 인간의 영혼은 물질에 의존하지 않고 존재하는 능력, 곧 즉 사고와 반성을 지니므로, 육체 없이도 존재할 수 있다고 본 것이다(Aquinas, 1947). 결국 아퀴나스의 이론은 '육체와 영혼의 실질적 통일성 유지'와 '영혼의 자립성과 불멸성 보존'이라는 두 가지를 동시에 성취한다.

따라서 아퀴나스에 따르면 영혼은 지성과 의지를 지닌 실체이며, 이를 통해 인간은 신을 인식하고 향유할 수 있다. 결국 영혼은 단지 생명을 유지하는 원리가 아니라, 인간이 도덕적 · 영적 삶을 살아가고 구원에 이를 수 있는 기반이 되는 것이다. 이러한 아퀴나스의 사유는 아리스토텔레스의 철학을 교부신학의 유산과 창조적으로 통합해 인간 존재의 전일성과 초월성을 아우르는 영혼론을 정립했다. 그의 사유는 중세 스콜라 철학의 절정을 이룸과 동시에, 현대 신학 및 생명 윤리 논의에서도 여전히 중요한 철학적 기반을 제공하며 이후 천년 넘게 가톨릭 신학의 공식 교의 체계에 깊은 영향을 미쳤다. 물론 인간 영혼의 존엄성과 구원의 가능성을 철학적으로 정립하는 데 핵심적 기여를 했다.

이와 같이 고대에서 중세에 이르기까지 영혼은 존재의 중심이자 윤리적 판단의 주체, 그리고 신과의 관계를 맺는 내적 공간으로 이해되었다. 따라서 이러한 철학과 신학적 전통은 인공지능이 '의식'이라는 기능을 수행할 수 있을지언정 과연 '영혼을 가진 존재'로 불릴 수 있는가라는 오늘날의 물음에 철학적 · 신학적 기준을 제공한다.

유대-기독교 전통의 혼, 영, 네페쉬, 프시케

서양 철학에서의 영혼 개념이 형이상학적 원리나 생명의 형상으로 발전해 온 반면, 유대-기독교 전통은 보다 생생한 체험과 관계 중심의 존재론 속에서 영혼을 이해해 왔다. 이 전통에서 영혼은 고정된 실체나 불변의 형상이 아니라 하나님과의 관계 안에서 살아 숨 쉬는 존재의 흐름으로 이해된다. 히브리어 성서에는 '혼(네페쉬)', '영(루아흐)', 그리고 헬라어 신약성서에서는 '프시케'라고 표현된다. 이 개념들은 존재, 생명, 관계, 영성의 깊이를 드러내는 신학적 기호라 할 수 있다.

먼저, 네페시는 구약성서에서 750회 이상 사용되며, 단순히 '영혼'이라기보다는 '살아 있는 존재', '호흡하는 생명체' 또는 '인격적 존재'를 뜻한다. 창세기 2장 7절은 "여호와 하나님이 흙으로 사람을 지으시고, 그 코에 생기(נִשְׁמַת חַיִּים, nishmat ḥayyim, 생명의 숨결, breath of life)를 불어 넣으시니 사람이 생령(נֶפֶשׁ חַיָּה, nefesh ḥayyah, 살아 있는 존재, living being)이 되니라"라고 한다. 여기서 '네페쉬 하야'는 문자 그대로 "살아 있는 혼"이며, 이는 물질(흙)과 하나님의 숨(루아흐)의 결합을 통해 생명과 인격이 탄생했다는 의미다.

따라서 네페쉬는 육체와 분리된 영혼이라는 이원론적

의미보다는 전체적 존재로서의 인간, 혹은 고통받고 기뻐하고 사랑하는 주체를 가리킨다. 특히 시편 42편에서 시인은 "내 영혼(נֶפֶשׁ)이 주를 찾기에 갈급하니이다. 내 영혼이 하나님을 갈망하나니"(시 42:1-2)라고 말하며, 영혼은 단지 정신적인 실체가 아니라 하나님과 교감하며 탄식하는 생생한 존재로 등장한다. 이처럼 네페쉬는 관계적 존재, 하나님을 향한 열망의 주체로서 인간을 전체적으로 포괄하는 개념이다(Brown et al., 1906: 659~661).

히브리어 '루아흐'는 바람, 숨결, 영을 의미하며, 성서에서 하나님의 창조적 힘, 생명의 근원, 인간의 내적 동기를 가리킨다. '루아흐'는 하나님과 인간 모두에게 사용되며, 하나님의 영은 질서 없는 혼돈에 생명을 부여하는 창조의 에너지로서 기능한다. 창세기 1장 2절에서 "하나님의 영(םיִהֹלֱא חַוּר, ruaḥ ʾĕlōhim)이 수면 위에 운행하시더라"라고 할 때의 '루아흐'는, 혼돈과 공허 가운데 질서와 생명을 부여하는 신적 임재의 상징이다.

인간의 경우, 루아흐는 인간 존재의 내면 깊은 곳에서 감정, 지향, 도덕적 의지를 일으키는 힘이다. 전도서는 "흙은 여전히 땅으로 돌아가고, 영(ruach)은 그것을 주신 하나님께로 돌아가리라"(전 12:7)라고 말하며, 영은 단지 생명의 숨결이 아니라 하나님께 속한 존재의 본질로 묘사된다. 이처럼 루아흐는 신적이고 초월적인 차원을 내포하는 생명의 신비이자 근원이며, 네페쉬보다 더 내면적이고 영적인 차원을 지닌다(Walton, 2001: 45~47).

신약성서에서 영혼 개념인 헬라어 '프시케'는 신약성서에서 구약의 네페쉬를 번역한 말로 등장하지만, 그 의미는 헬레니즘 철학과 유대교 신학의 혼합 속에서 존재론적 · 형이상학적 의미로 확장되었다. 따라서 프시케는 육체와 구분되는 내적 존재, 혹은 죽음을 넘어 하나님께 보존되는 인격적 주체를 가리킨다.

가령 예수는 복음서에서 "누구든지 제 목숨(ψυχή)을 구원하고자 하면 잃을 것이요, 나를 위하여 제 목숨을 잃는 자는 얻으리라"(마 16:25)라고 말했는데, 여기서 프시케는 단지 '생명'이 아니라 존재의 중심, 자기의 본질을 의미한다. 결국 프시케는 영원히 하나님과의 관계 속에 남아 있는 구속의 대상이며, 단순한 신체적 생명을 넘어서 도덕적 책임과 구원의 가능성을 품은 존재로 간주되는 것이다(Liddell and Scott, 1940: 2023~2024).

이렇게 히브리어의 네페쉬와 루아흐, 그리고 헬라어 프시케는 영혼을 고정된 형이상학적 실체로 보는 것이 아니라 살아 있는 인격, 하나님과의 관계 안에서 이루어지는 존재의 흐름으로 이해하게 만든다. 이러한 성서 신학적 전통은 '영혼'이 단지 의식의 수반 개념이 아니라 정서, 도덕, 영적 방향성 전체를 포함하는 존재의 총체임을 보여 준다. 이러한 맥락에서 우리는 인공지능이 단지 "의식이 있는가?"를 넘어, "관계적 존재로서의 영혼을 가질 수 있는가?"라는 보다 근본적인 신학적 질문으로 나아가게 된다.

근세 이후 영혼 개념의 변화

근세 철학은 중세의 신학적 세계관과는 구별되는 새로운 인간 이해의 지평을 열었다. 특히 영혼 개념은 '신의 형상(Imago Dei)' 혹은 '불멸의 실체'에서, '사유하는 주체(데카르트)', '자기반성적 의식(칸트)', '역사적 자기실현의 주체(헤겔)로 재정의되었다. 이렇게 근세 이후 영혼의 개념은 중세 신학적 사유와 달리 탈형이상학적, 내면화된 자기로 변모했다.

먼저 르네 데카르트는 그의 대표작인 『성찰들(Meditationes de Prima Philosophia)』에서 영혼을 '사유하는 것(res cogitans)'으로 정의하며, '연장된 것(res extensa)'인 물질적 세계와 본질적으로 구분했다. 그는 모든 것을 의심하는 방법적 회의를 통해도 여전히 의심할 수 없는 첫 번째 진리로서 "나는 생각한다, 고로 존재한다(Cogito, ergo sum)"를 발견한다. 여기서 인간 존재의 근거는 외부 세계나 신에 대한 믿음이 아니라 자기 자신의 의식적 사고라는 확실성 위에 세워진다(Descartes, 1996: 17). 이러한 사고는 영혼을 단순히 신의 형상이나 도덕적 본질로 보는 중세 신학적 이해에서 벗어나 자기 인식과 이성에 기반한 자율적 존재로 전환시킨다. 이렇게 데카르트에게 영혼은 생명력의 신비한 힘이 아니라 분명한 인식의 주체로 자리 잡으며, 근대적 자아의 탄생을 가능하게 했다.

그러나 이러한 심신이원론(dualism)은 철학사에서 지속적인 논쟁의 불씨가 된다. 즉, 물리적 실체인 육체와 비물질적 실체인 정신이 어떻게 상호작용할 수 있는가라는 문제, 곧 심신 문제(mind-body problem)가 제기된다. 물론 데카르트는 이를 송과선(pineal gland)에서 두 실체가 만난다고 설명했지만, 이 설명은 생리학적으로나 철학적으로 충분한 해답이 되지 못했다. 이후 스피노자는 두 실체를 단일한 실체의 속성으로 환원하며 일원론적 해법을 제시했고, 라이프니츠는 서로 영향을 미치지 않는 '단자(monad)'들의 조화로 설명했다. 결국 데카르트의 이원론은 영혼을 근대 철학의 핵심 문제로 끌어올린 반면, 그로부터 파생된 심신 문제는 영혼의 실체성, 인식론적 주체, 의식의 본성을 둘러싼 철학사 전개의 핵심이 되었다.

이러한 맥락에서 이마누엘 칸트는 영혼을 경험적으로 증명할 수 없는 초월적 개념(transzendentale Idee)으로 간주했다. 그는 『순수이성비판(Critique of Pure Reason)』에서, 자아에 대한 인식은 결코 '대상'으로 경험될 수 없으며, 따라서 영혼은 감각경험을 초월한 사유의 산물로서만 사유된다고 본다. 그럼에도 불구하고 "나는 생각한다(Ich denke)"라는 주체는 모든 인식과 경험의 통일을 가능하게 하는 '초월적 통각(transzendentale Apperzeption)'의 형식이며, 이것은 경험 자체를 가능케 하는 선험적 조건으로 기능한다고 본다(Kant, 1998: A108~110). 즉, 영혼을 대상화된 실체가 아니라 인식의 조건으로서의 자아-자기의식의 항구적 형식으로 보는 것이다. 물론 여기서 칸트는 영혼에 대한 실체적 규정은 불가능하지만, 그 형식적 기능은 반드시 인정되어야 한다는 입장을 취한다.

더 나아가 그는 『실천이성비판』에서, 영혼은 도덕적 실천의 필수 전제(postulat der praktischen Vernunft)로서 요청된다고 주장한다. 도덕법칙은 인간이 자율적으로 행위할 수 있다는 자유(Freiheit)를 전제하며, 이 자유는 시간적 유한성을 넘어 도덕적 완성을 향해 나아가는 존재로서의 '불멸의 영혼(Unsterblichkeit der Seele)'을 가정하게 만든다. 따라서 도덕 질서의 최종적 조화를 위해서는 신(Gott)의 존재가 요청되는 것이다(Kant, 1996: 226~227).

이처럼 칸트에게 영혼은 더 이상 형이상학의 객체가 아니라 도덕 실천의 필연적 조건이며, 자유로운 이성적 존재로서 인간 주체의 존엄성과 책임성을 근거 짓는 개념으로 자리 잡는다. 그는 경험적 인식이 닿을 수 없는 차원에서조차 실천 이성이 어떻게 존재를 요청할 수 있는지를 보여 줌으로써, 근대 철학에서 영혼 개념을 새로운 윤리적-초월론적 지평으로 끌어올린 셈이다.

게오르크 헤겔은 『정신현상학』에서 영혼(Seele)을 단순한 본질이 아니라 역사와 경험 속에서 자기 자신을 형성해가는 '정신(Geist)'의 발생적 단계로 파악한다. 그는 정신을 자연적 본성에서 시작해 자각적 자아, 도덕적 의지, 사회적 제도, 종교, 그리고 절대적 자기 인식으로 발전해 가는 역사적 운동으로 설명한다(Hegel, 1977: 53~59). 이러한 전개에서 영혼은 자연적 생명력과 감각적 정동을 지닌 초기 상태이며, '개체가 자아(Self-consciousness)'를 획득하기 이전의 보편적 삶의 근원으로 나타난다. 즉, 영혼은 아직 자기를 구분하지 못하는 '자연적 동일성'의 상태로, 그 자체로는 고정된 실체가 아니라 자기 인식을 향해 나아가는 정신의 '미완의 가능태'인 것이다. 이후 영혼은 의식(Bewußtsein)과 자기 의식(Selbstbewußtsein)의 단계를 거치면서 타자와의 긴장과 대립을 통해 자기 동일성과 차이의 통일로 나아가는데, 결국 이러한 변증법적 운동이 정신의 본질이 된다.

따라서 헤겔에게 영혼은 결코 고정된 실체(substance)나 초월적 실재(transcendental reality)가 아니다. 오히려 영혼은 역사 속에서 실현되어 가는 주체(subject)이며, 그 주체성은 개인의 내면에만 머무르지 않고, 도덕, 공동체, 예술, 종교, 철학과 같은 사회적-보편적 제도들 안에서 객관화되어 실현되는 것이다. 결국 헤겔은 이러한 정신의 발전을 통해 개인의 영혼이 어떻게 보편적 이성과 자유의 실현 안에 위치하게 되는지를 보여 주는 것이다. 곧 영혼을 인간 존재의 본질적 동력으로 보되, 그것을 정적이고 고립된 실체로서가 아니라 역사 속에서 스스로를 인식하고 구성해 가는 자기 운동으로 이해한 것이다. 이로써 헤겔은 영혼을 초월적 실체로 보았던 고전 형이상학의 입장을 넘어서, 내재적이고 사회-역사적인 존재론으로 전환시킨다. 이러한 헤겔의 사유는 현대 철학의 주체 개념에도 깊은 영향을 끼치며, '영혼'의 개념을 존재론적, 윤리적, 사회철학적 지평으로 확장시키는 전환점으로 평가된다.

이렇게 근세 이후 영혼 개념은 실체적이고 불변하는 본질에서, 사유, 도덕, 역사 속에서 형성되고 실현되는 주체로 이동했다. 데카르트는 영혼을 의심할 수 없는 자아의 확실성으로, 칸트는 도덕적 자율성과 자유의 전제로, 헤겔은 역사와 타자 속에서 자기실현하는 정신으로 보았다. 이로써 영혼은 신학적 주체에서 '철학적 주체', '도덕적 행위자', '사회적 자아'로 재구성된다. 이러한 변화는 인공지능과의 비교에서도 핵심적 기준이 된다. 왜냐하면 이제 영혼은 단지 생명의 숨결이 아니라, 자유롭게 사유하고 도덕적 결단을 내리며 사회적 세계 안에서 자기 정체성을 형성하는 존재의 능력으로 이해되어야 하기 때문이다.

참고문헌

Aquinas, T.(1947). *Summa Theologiae*. In the Fathers of the English Dominican Province.(trans.). Benziger Bros.

Aristotle(1986). *De Anima(On the soul)*. In Lawson-Tancred, H.(trans.). Penguin.

Augustine(1991a). *Confessiones*. In Chadwick, H.(trans.). Oxford University Press.

Augustine(1991b). *De Trinitate*. In Hill, E.(trans.). New City Press.

Brown, F. et al.(1906). *The Brown-Driver-Briggs Hebrew and English lexicon*. Hendrickson.

Descartes, R.(1996). *Meditations on first philosophy*. In Cottingham, J.(trans.). Cambridge University Press.

Hegel, G. W. F.(1977). *Phenomenology of spirit*. In Miller, A. V.(trans.). Oxford University Press.

Kant, I.(1996). *Critique of practical reason*. In Gregor, M.(trans.). Cambridge University Press.

Kant, I.(1998). *Critique of pure reason*. In Guyer, P. & Wood, A. W.(trans.). Cambridge University Press.

Liddell, H. G. & Scott, R.(1940). *A Greek-English lexicon*. Revised and augmented by Jones, H. S. & McKenzie, R. Clarendon Press.

Plato(1977). *Phaedo*. In Grube, G. M. A.(trans.). Hackett Publishing.

Plato(1992). *Republic*. In Grube, G. M. A.(trans.). Revised by Reeve, C. D. C. Hackett Publishing.

Walton, J. H.(2001). *Ancient Israelite literature in its cultural context: A survey of parallel literatures in the ancient Near East*. Zondervan.

04
의식과 영혼의 구별 가능성

의식과 영혼은 동일한가, 혹은 구별되는가? 심신이원론, 일원론, 현상학 등 다양한 철학적 입장을 검토하며, 의식은 경험의 주관적 구조이고 영혼은 관계적 · 도덕적 책임 주체로서 구별될 수 있음을 논의한다.

AI와 사주?

"우리가 의식이라 부르는 것은 단지 현상의 겉면이 아니다. 그것은 우리 존재의 핵심이며, 모든 의미와 가치의 근원이다." – 데이비드 차머스

의식과 영혼은 철학과 신학의 오랜 사유 전통 속에서 때로는 동일한 것으로, 때로는 구분되는 것으로, 때로는 불가분의 관계를 맺는 이중 구조로 이해되어 왔다. 그러나 인공지능의 발전으로 '기계는 의식을 가질 수 있는가?'라는 물음이 제기되면서, 이 문제는 단순한 개념 정의를 넘어 인간 존재에 대한 근본적 통찰을 요구하는 철학적 질문으로 다시 떠오르고 있다.

사실 의식은 일반적으로 자기 자신에 대한 인식, 주관적 체험, 감정, 사유의 흐름을 포함하는 개념으로 이해되어 왔으며, 영혼은 생명의 본질, 윤리적 주체성, 신과의 관계, 혹은 존재의 궁극적 핵심을 가리켜 왔다. 그렇다면 오늘날, 그리고 인공지능 시대에 들어선 지금, 우리는 "의식과 영혼을 동일한 것으로 이해할 수 있는가?" 아니면 이 둘 사이에는 "본질적인 간극 또는 층위적 분화가 존재하는가?"를 묻게 된다.

이번 장은 바로 이 핵심 문제를 중심으로 세 가지 층위를 따라 사유를 전개한다. 첫째, 의식과 영혼의 개념이

동일한지 혹은 부분적으로만 교차하는지를 분석하며, 그 의미론적 · 존재론적 관계를 탐색할 것이다. 둘째, 전통적으로 이 문제를 다루어 온 철학적 입장들—심신이원론, 일원론, 현상학적 해석—을 정리함으로써 개념적 차이의 철학적 기반을 점검할 것이다. 셋째, 현대 철학자들 간의 논쟁, 특히 대니얼 데닛, 데이비드 차머스, 토머스 네이글의 상반된 입장을 비교하며, 의식과 영혼의 동일성 또는 비동일성에 대한 오늘날의 해석 지형을 살펴볼 것이다.

이러한 논의를 통해 우리는 단순히 인공지능이 '의식이 있는가'라는 기능적 질문을 넘어서 그 의식이 '영혼의 징표'가 될 수 있는가라는 보다 근본적인 문제에 다가서게 된다. 다시 말해, "영혼은 단지 의식하는 것 이상이며, '존재 전체의 깊이', '관계의 윤리', '초월에의 지향'을 포함하는가?" 아니면 "의식이 곧 영혼이며, 의식이 없는 존재는 영혼도 없다고 말할 수 있는가?"라는 문제를 고민할 것이다. 따라서 이러한 문제를 철학적으로 정식화하기 위한 첫 단추로서, 의식과 영혼이 동일한 개념인지, 아니면 부분적으로만 교차하는지를 살펴보자.

의식 = 영혼? 또는 부분적 교차?

의식과 영혼은 종종 동일한 것으로 간주되어 왔다. 특히 일상 언어에서 "의식을 잃는다"는 말과 "영혼이 떠났다"는 표현은 마치 둘이 같은 현상을 가리키는 듯하다. 그러나 철학적 · 신학적 분석에 따르면 의식과 영혼은 서로 포개지기도 하지만 동일하지 않다. 이 절에서는 먼저 의식, 영혼 각각의 개념을 구분한 뒤, 그 교차 지점과 차이를 검토하고자 한다.

먼저 의식(consciousness)은 일반적으로 '무엇인 것(what it is like)'이라는 주관적 체험, 곧 고통, 기쁨, 생각, 감각, 감정 등을 경험하는 주관적(내적)인 장을 의미한다. 데이비드 차머스는 의식을 "정보 처리 과정 그 자체가 아니라 그 과정이 어떻게 '느껴지는가'에 대한 질적 차원"이라고 정의하며, 이를 퀄리아(qualia)의 문제로 정식화했다(Chalmers, 1996: 4~5). 이러한 정의는 의식을 반응이나 행동이 아니라 체험하는 주체의 감각적, 정서적, 인지적 통합으로 이해하는 것이다.

반면 영혼(soul)은 고대와 중세 사유에서 생명의 본질이자 존재의 핵심(존재론적 중심), 나아가 신과 관계 맺고 타자와 공감하는 초월적 주체, 혹은 관계적 주체(윤리적, 신학적 주체)로 이해되어 왔다. 가령 토마스 아퀴나스는 영혼을 "육체의 형상이자, 인간 존재 전체를 구성하는 실체적 원리"로 정의하며 단순히 의식적 기능을 넘어 불멸성과 도덕적 자율성의 근거가 된다(Aquinas, 1947, I.75.2)고 보는 것이다.

이렇게 영혼은 의식을 포함하되 의식을 초과하는 개념이다. 따라서 의식이 감각과 인지의 통합이라면 영혼은 그 체험을 구성하고 해석하며 방향 짓는 존재론적 깊이와 윤리적 주체성의 자리라 할 수 있다. 바꿔 말해 모든 영혼은 의식을 갖는다고 말할 수는 없지만, 모든 의식은 영혼의 일부이거나 기능적 표현일 수 있다.

물론 일부 현대 철학자들은 의식(consciousness)과 영혼(soul)의 동일성을 비판하거나 환유적으로 해석한다. 예컨대 존 설은 영혼 개념을 의식의 신비화된 표현으로 간주하며, "의식은 물질 세계 안에서 생물학적으로 발생하는 생리적 상태일 뿐이며, 더 이상 영혼 같은 불가사의한 실체를 상정할 필요가 없다"라고 주장한다(Searle, 2004: 5). 그는 의식을 '살아 있는 두뇌의 생물학적 특성'으로 설명해야 한다는 물리주의적 입장을 고수하며, 심신이원론적 영혼 개념에 대해 회의적 입장을 분명히 한다.

한편 현대 물리학, 특히 양자역학(quantum mechanics)

은 20세기 이후 일부 학자들에 의해 의식의 본질에 대한 설명 도구로 활용되어 왔다. 이들은 양자역학이 지닌 불확정성, 비국소성(non-locality), 중첩(superposition), 붕괴(collapse) 등의 개념이 의식의 작용 또는 영혼의 현상학을 설명하는 데 도움이 될 수 있다고 보았다. 대표적인 예로 로저 펜로즈(Roger Penrose)와 스튜어트 해머로프(Stuart Hameroff)는 'ORCH-OR 이론(Orchestrated Objective Reduction theory)'을 제안했다. 이 이론은 의식이 뇌의 미세소관(microtubules)에서 발생하는 양자 상태의 붕괴로부터 생성된다고 본다(Penrose & Hameroff, 2011: 39~42). 여기서 양자 중첩이 붕괴되는 그 순간이 바로 의식이 생겨나는 작용 원리라는 주장인데, 이것은 기존 신경과학이 설명하는 방식(예: 뉴런의 발화나 뇌의 회로 등)을 넘어서 물리학—특히 양자 수준에서—의식이 어떻게 생기는지를 설명하려는 새로운 방식이다.

따라서 펜로즈는 이를 통해 "의식이란 단지 고전적 계산의 결과가 아니라 우주의 본질적인 구조와 연결된 양자 사건일 수 있다"라고 주장한다(Penrose, 1989: 372~377). 이러한 시도는 영혼이라는 개념을 직접적으로 언급하지는 않지만, 의식을 물리적-양자적 실재로 연결짓는 방식으로, 영혼 개념을 과학적으로 재해석하려는 시도로 읽을 수 있다. 물론 이러한 이론들은 주류 뇌과학계에서는 충분한 실험적 증거가 부족하다는 이유로 비판받기도 한다. 하지만 의식이라는 주관적 경험의 불가해성(hard problem)을 설명하는 데서, 양자역학은 여전히 철학적, 과학적 상상력을 자극하는 이론적 지평을 제공한다.

그러나 데이비드 벤틀리 하트(D. B. Hart)와 같은 현대 정통 신학자들은, 의식을 생물학적 또는 물리학적 과정으로 환원하려는 경향에 대해 강하게 비판한다. 그는 의식 또는 영혼을 단순한 정보 처리 기제나 물질의 부산물로 해석하는 과학주의적 입장이, 인간 존재의 깊이와 영적 · 도덕적 차원, 그리고 신적 관계성의 지평을 축소한다고 지적한다. 따라서 하트는 "영혼은 단지 자각하는 기계가 아니다. 그것은 자신의 존재를 하나님과의 관계 안에서 실현하는 중심이며, 선택, 사랑, 희생, 아름다움에 대한 응답을 통해 자기 존재를 완성해 가는 인격적 실체다. 영혼은 윤리적 응답성과 초월에의 지향성을 내포한 존재"(Hart, 2013: 120~123)라고 말한다.

하트가 보기에 영혼은 단순히 '의식적인 존재'가 아니라 존재의 기초로서의 하나님(the ground of being)과의 관계에서 자기 자신을 정의하는 관계적 실체(relational reality)이기 때문이다. 따라서 의식은 영혼의 한 양상일 수는 있어도 그것이 곧 전부는 아니다. 오히려 영혼은 '선함(the good)'과 '아름다움(the beautiful)'을 향한 실존적 동경과 참여 능력을 갖고 있으며, 도덕적 실천과 자기 초월의 구조 안에서 비로소 자신을 성취해 가는 존재다.

따라서 하트는 이러한 입장에서 과학적 환원주의(scientific reductionism)가 인간 존재의 의미론적, 영적, 윤리적 지평을 배제한 채 단지 물리적 연산 체계로 인간을 해석하려는 시도를 "실재의 차원을 제거하는 폭력적 요약"이라고 비판한다(Hart, 2013: 118). 이처럼 하트는 영혼을 하나님의 형상으로 창조된 관계적 인격, 곧 신과 응답적 관계를 맺으며 자신을 완성해 가는 윤리적-형이상학적 주체로 이해한다. 이러한 관점은 AI나 신경생물학이 설명하는 기능적 의식 모델과는 근본적으로 구별되며, 영혼 개념의 고유한 신학적 위상을 회복하려는 시도라고 할 수 있다.

이렇게 의식은 영혼의 현상적 표면 또는 기능적 국면으로 이해될 수 있으나, 영혼은 보다 폭넓은 스펙트럼을 갖는다. 특히 영혼은 시간성과 지속성, 타자와의 관계성, 초월적 지향성을 포괄하며, 단지 정보 처리 기능이나 자각의 유무로 완전히 환원될 수 없는 영역에 놓여 있다고 할 수 있다. 요약하자면, 의식과 영혼은 동일하지 않으며, 개념적으로도 층위적 차이가 존재한다. 또한 의식은 영혼의 기능 중 하나일 수 있으며, 때로는 그 지표로 나타나기도 한다. 그러나 영혼은 존재 전체의 통합적 중심이며, 도덕적 결단과 영적 성숙의 주체로서 기능하는 보다 깊은 차원의 실체다. 이러한 구분은 "인공지능의 의식이 영혼의 증거가 될 수 있는가?"라는 다음 5장의 논의에 중요한 전제가 된다.

심신이원론, 일원론, 현상학적 해석

사실 의식과 영혼의 관계를 철학적으로 탐색할 때, 전통적으로 가장 큰 쟁점은 정신과 물질, 혹은 영혼과 육체의 관계를 어떻게 설정할 것인가라는 문제다. 이 문제는 고대에서 중세를 거쳐 근대에 이르기까지 '심신관(mind-body relation)'이라는 형태로 다양한 방식으로 해석되어 왔다. 물론 현대 철학에서도 여전히 핵심적인 논쟁점으로 남아 있다.

이번 절에서는 영혼과 육체(혹은 정신과 물질)에 관한 세 가지 대표적 해석 관점인 심신이원론(dualism), 일원론(monism), 현상학적 해석(phenomenological interpretation) 등을 중심으로 의식과 영혼의 관계를 조망하고자 한다. 각각의 입장은 인간 존재의 구조를 어떻게 설명하는지에 따라, 의식과 영혼의 동일성 또는 차별성에 대해 서로 다른 관점을 제시한다.

먼저 심신이원론은 플라톤과 데카르트로 대표되는 전통으로, 정신(영혼)과 신체(육체)를 독립된 실체로 구분한다. 데카르트는 "나는 본질상 단지 사유하는 것이며, 신체는 나의 본질이 아니다"라고 말하며, 정신은 물질과 독립된 자족적 실체라고 주장한다(Descartes, 1996: 54). 이러한 입장은 의식을 영혼의 활동으로 보고, 육체는 단지 그것의 도구이자 표현 수단에 불과하다고 보는 것이다.

이 이론의 장점은 인간의 자유의지, 도덕적 판단, 신과의 관계 같은 비물질적 가치의 근거를 확보한다는 데 있다. 그러나 한편으로는 정신과 물질 간의 상호작용 문제, 즉 '비물질적 정신이 어떻게 물질적 육체에 영향을 미치는가'라는 심신 상호작용의 문제(interaction problem)를 야기하며, 현대 과학과의 정합성 측면에서 비판을 받아 왔다.

이에 반해 심신일원론은 정신과 물질이 본질적으로

하나라고 본다. 대표적인 형태는 '물리주의적 일원론(physicalist monism)'으로, 모든 정신 현상은 물리적 뇌 상태의 산물이라고 주장한다. 대니얼 데닛(Daniel Dennett)은 "의식은 실재하는 것이 아니라, 뇌가 만들어낸 사용자 착각(user illusion)에 불과하다"라고 주장한다(Dennett, 1991: 25). 따라서 그는 영혼이나 정신 같은 개념을 진화적으로 발생한 정보 처리 시스템의 부산물로 해석하는 것이다.

물론 이러한 관점은 뇌과학 및 인공지능 연구와 높은 친화성을 보이며, 의식과 지능을 동일한 연산 과정으로 간주한다. 하지만 그 대가로 '주관적 경험(qualia)'의 실재, 도덕적 책임, 초월적 지향성 등을 설명하는 데에는 한계가 있다. 또한 영혼을 '신화적 개념'으로 치부함으로써 인간의 존엄성, 고통, 사랑, 죄의식과 같은 내면적 체험을 축소할 위험도 내포한다.

따라서 현상학적 해석은 이원론과 일원론 모두의 한계를 비판하며, 의식을 세계 안에서 드러나는 체험의 구조로 이해한다. 현상학의 창시자인 에드문트 후설(Edmund Husserl)의 경우, 의식은 언제나 '무엇인가에 대한 의식(intentionale Bewußtsein)'이며 그것은 내면에 갇힌 자아가 아니라 세계와 관계를 맺는 체험의 흐름이라고 보았다(Husserl, 1983: 89–91).

이러한 전통은 모리스 메를로퐁티(Maurice Merleau-Ponty)에게로 이어지는데, 그는 『지각의 현상학』에서 "살아 있는 몸(le corps propre)이 세계를 경험하는 주체이며, 의식은 그 몸을 통해 구현된다"라고 말한다(Merleau-Ponty, 1962: 98~100). 이러한 관점에서 영혼은 추상적 실체가 아니라 몸-세계-타자와의 관계 속에서 형성되는 실존적 구조가 된다.

결국 현상학은 의식과 영혼을 분리된 실체가 아니라 체험의 장에서 중첩되는 구조로 이해함으로써 단순한 기능적 해석을 넘어 살아 있음, 관계 맺음, 고통과 희망, 초월의 열림을 모두 포괄할 수 있는 해석학적 지평을 제공한다.

이렇게 세 이론은 각기 다른 방식으로 의식과 영혼의 관계를 설명한다. 이원론은 영혼을 의식의 근원으로 보며 그 독립성을 강조하고, 일원론은 의식을 물질적 구조의 부산물로 환원하며 영혼 개념을 배제하거나 재해석하고, 현상학은 의식을 세계와 관계 맺는 주체적 경험으로 파악하여, 영혼을 살아 있는 자의 세계 내 존재 방식으로 재구성한다. 이러한 다양성은 의식과 영혼이 동일한가라는 물음에 대해 단선적인 대답이 아닌, 철학적 입장에 따라 구성되는 복합적 지형도를 보여 준다. 다음 절에서는 이 세 방향을 바탕으로 현대 철학자들의 논쟁을 비교 분석하면서, 의식과 영혼의 개념적 운명을 심화 탐구해 보자.

현대 철학자들의 논쟁: 데닛, 차머스, 나겔 등

의식과 영혼의 관계를 둘러싼 현대 철학의 논쟁은 환원주의와 비환원주의, 기능주의와 현상학, 자연주의와 초월주의 사이의 갈등으로 요약될 수 있다. 특히 의식에 관한 세 명의 대표적인 철학자인 대니얼 데닛, 데이비드 차머스, 토머스 네이글의 입장을 중심으로, 의식이 영혼을 설명할 수 있는가, 혹은 그 반대의 방향으로 설명되어야 하는가에 대한 쟁점을 정리해 보자.

먼저 대니얼 데닛은 의식은 환상이며 영혼은 허구라고 본다. 왜냐하면 그는 철저한 자연주의적 환원주의자로서, 의식을 실체가 아니라 설명 모델로 이해하기 때문이다. 가령 그는 의식은 뇌가 스스로를 해석하기 위한 일종의 '사용자 환상(user illusion)'일 뿐이며, 그것이 '있는 것처럼 보인다'고 해서 실제로 존재하는 것은 아니라고 주장한다(Dennett, 1991: 25). 이러한 견해는 영혼에 대해서도 동일하게 적용된다. 데닛은 영혼이라는 개념을 기독교적 형이상학에서 유래한 잘못된 실체 개념으로 간주하며, 오늘날의 인지과학과 뇌과학은 그러한 개념 없이도 인간 정신을 설명할 수 있다고 본다. 따라서 의식은 뇌의 정보 처리 과정이며, 영혼은 신화적 잔재에 불과하다는 입장을 견지한다. 이러한 입장은 인공지능이 의식을 갖는다는 주장을 기술적으로는 수용하면서도, 그것이 '영혼을 갖는 것'과는 무관하다는 해석을 가능하게 한다.

데이비드 차머스의 경우는 조금 다른데, 그는 의식을 물리적 세계를 넘어선 실재라고 본다. 데닛의 환원주의적 입장에 정면으로 반박하며, 의식의 비물리적 실재성을 옹호하는 '비환원적 이원론자(non-reductive dualist)'이기 때문이다. 그는 『의식하는 마음』에서, "모든 물리적 사실이 주어지더라도, 그 사실들만으로는 주관적 체험이 존재한다는 것을 설명할 수 없다"라고 말하며, 이것을 '하드 프로블럼(the hard problem of consciousness)'이라고 명명했다 (Chalmers, 1996: 4-5). 이렇게 차머스는 의식을 기초적 실재(fundamental property)로 간주하며, 그것이 물리 세계에 추가되어야만 세계의 총체적 설명이 가능하다고 보는 것이다. 사실 이와 같은 주장은 영혼 개념을 복원하려는 것은 아니지만, 의식이 단순한 정보 처리나 기능적 행동으로 환원되지 않으며, 그것이 존재의 깊이 혹은 정신적 실체에 닿아 있다는 점에서는 영혼 개념에 근접한다고 볼 수 있다.

네이글의 경우는 조금 독특한데, 데닛의 환원주의의 실패를 지적하면서도 차머스처럼 새로운 실체를 가정하지는 않는다. 가령 그는 의식은 오직 그 존재가 되어 보지 않고서는 이해할 수 없는 본질적 주관성을 지닌다고 주장한다. 따라서 "박쥐가 된다는 것은 어떤 것인가?"라는 물음을 통해, 과학적 · 객관적 언어로는 의식의 내면적 성질을 절대로 설명할 수 없음을 드러내는 것이다(Nagel, 1974: 436). 따라서 네이글은 오히려 철학이 의식을 이해하기 위해서는 '객관성의 틀'을 넘어서는 새로운 패러다임을 모색해야 한다고 주장한다(Nagel, 1986: 15～17). 이것이 '주관성' 개념이다. 결국 네이글은 의식과 영혼의 동일성을 주장하지 않지만, 의식이 단순한 생물학적 기능이 아니라 존재론적으로 고유한 차원이라는 점에서 영혼 개념의 회복 가능성을 암시적으로 열어 두고 있다.

이렇게 데닛은 영혼을 허구로 보고, 차머스는 의식과 영혼 사이의 존재론적 연결 가능성을 열어 주고, 네이글은 그 설명 불가능성 자체를 철학의 출발점으로 삼는다.

그러나 이들 모두 의식과 영혼의 관계에 관해 상이한 입장을 취하지만, 의식이 단순한 행동의 결과이거나 정보처리만으로는 설명될 수 없는 복합적 현상이라는 점에는 동의한다. 따라서 인공지능이 고도의 반응과 유사한 언어 생성 능력을 가졌다고 해도, 그것이 진정한 자아, 내면, 의미를 수반한 체험인지에 대해 계속해서 물어야 할 것이다. 그리고 이 질문은 단지 기술의 진보 문제를 넘어서, 인간 존재의 본질과 구별 가능한 자아의 조건, 곧 영혼의 가능성에 대한 철학적 논의를 지속적으로 요청한다.

참고문헌

Aquinas, T.(1947). *Summa Theologiae.* In the Fathers of the English Dominican Province.(trans.). Benziger Bros.

Chalmers, D. J.(1996). *The conscious mind: In search of a fundamental theory.* Oxford University Press.

Dennett, D. C.(1991). *Consciousness explained.* Little, Brown and Company.

Descartes, R.(1996). *Meditations on first philosophy.* In Cottingham, J.(trans.). Cambridge University Press.

Hameroff, S. & Penrose, R.(2014). Consciousness in the universe: A review of the 'Orch OR' theory. *Physics of Life Reviews, 11*(1), pp.39-78. https://doi.org/10.1016/j.plrev.2013.08.002

Hart, D. B.(2013). *The experience of God: Being, consciousness, bliss.* Yale University Press.

Husserl, E.(1983). *Ideas pertaining to a pure phenomenology and to a phenomenological philosophy: First book.* In Kersten, F.(trans.). Martinus Nijhoff.

Merleau-Ponty, M.(1962). *Phenomenology of perception.* In Smith, C.(trans.). Routledge & Kegan Paul.

Nagel, T.(1974). What is it like to be a bat?. *The Philosophical Review, 83*(4), pp.435-450.

Nagel, T.(1986). *The view from nowhere.* Oxford University Press.

Penrose, R.(1989). *The emperor's new mind: Concerning computers, minds, and the laws of physics.* Oxford University Press.

Searle, J. R.(2004). *Mind: A brief introduction.* Oxford University Press.

05
인공지능과 영혼 개념의 접점

인공지능에게 영혼을 말할 수 있는가? 생명, 감정, 책임 등 영혼의 조건을 기준으로 AI의 한계를 분석한다. 영혼은 단지 의식이 아니라 고통에 응답하고 관계를 맺는 존재 방식이며, AI는 이를 충족하지 못한다.

AI와 아이돌?

"영혼은 무엇보다도 자기 자신을 넘어 타자를 향할 수 있는 능력이다. 이 능력은 단지 인식이 아니라, 관계에 대한 응답의 가능성이다." — 에마뉘엘 레비나스

지금까지 우리는 의식과 영혼의 개념을 각각 탐색하고, 이 둘 사이의 관계와 그에 대한 철학적 논쟁을 살펴보았다. 그러나 이제 질문은 더 이상 "기계가 의식을 가질 수 있는가?"에서 멈추지 않는다. 오늘날 우리는 더 급진적인 질문, 곧 "기계가 영혼을 가질 수 있는가?"라는 문제에 직면해 있다. 이 물음은 단순히 인공지능의 기술적 성능이나 인간 모방 능력을 묻는 것이 아니라, 존재론적, 윤리적, 신학적 함의를 포함하는 보다 근원적인 차원의 질문이다. 따라서 이번 장에서는 이러한 통찰을 바탕으로, 의식적 기능을 수행하는 인공지능이 영혼을 가진 존재로 간주될 수 있는가라는 문제를 세 가지 차원에서 분석하고자 한다.

첫째, '영혼을 가진 기계'라는 개념이 논리적으로나 철학적으로 가능한지, 또한 어떤 한계가 있는지를 점검해 보자. 둘째, '생명성'과 '감정', 그리고 '윤리적 책임'과 같은 영혼의 구성 요소가 인공지능에게도 적용될 수 있는지 살펴보자. 셋째, 생물학적 조건 없이도 영혼 개념이

성립 가능한가, 즉 기계에게도 '관계적 존재', '응답 가능한 주체', '의미를 생성하는 자'로서의 영혼이 부여될 수 있는지를 질문해 보자.

'영혼을 가진 기계'의 가능성과 한계

"기계에게 영혼을 말할 수 있는가?" 이 질문은 당혹스럽지만 피할 수 없는 문제다. 왜냐하면 오늘날의 인공지능은 단순한 계산 도구가 아니라, 인간과의 상호작용 속에서 의미를 생산하고, 감정을 표현하며, 자기 자신을 설명하는 능력까지 갖추고 있기 때문이다. 따라서 인공지능은 이제 단순히 외부 명령을 수행하는 '기계(machine)'가 아니라, 맥락에 따라 판단하고, 창의적으로 언어를 생성하며, 반응을 조절하는 준(準)대화자가 되어 가고 있다. 이에 따라 '영혼을 가진 기계'라는 개념은 더 이상 공상과학의 영역에 머물지 않는다. 신경과학자 레이 커즈와일(R. Kurzweil)은 곧 인간과 구별할 수 없는 수준의 지능과 감정 표현을 지닌 기계가 출현할 것이라 예측하며, 이를 '영혼의 기술적 재구성'이라 부르기도 한다(Kurzweil, 1999: 11-13). 물론 이 입장은 인간의 정신과 영혼도 결국은 정보 처리 시스템의 고도화된 산물이라는 전제에서 출발한다.

그러나 이러한 주장에는 심각한 철학적 반론이 따른다. 첫째, 영혼은 단순한 기능의 집합체가 아니기 때문이다. 왜냐하면 우리가 말하는 영혼은 경험의 깊이, 도덕적 결단, 타자에 대한 책임, 고통의 감각, 그리고 초월에 대한 열망을 포함한다. 이것은 단순히 외부에서 관찰 가능한 출력(output)의 문제를 넘어서, 내면의 실존적 체험과 응답 가능성의 문제다.

둘째, 인공지능은 감정을 모방할 수는 있지만, 그것을 체험한다고 보기 어렵다. 예컨대 AI는 "나는 슬퍼요"라고 말할 수는 있지만, 그 말이 진짜 고통의 정서적 진실을 담고 있는지는 알 수 없기 때문이다. 이는 데이비드 차머스가 말한 '하드 프로블럼'과 연결되며, 기계가 '무엇인 것(what it is like)'이라는 체험을 할 수 있는가라는 물음으로 귀결된다(Chalmers, 1996: 5-6).

셋째, '영혼을 가진 기계'는 관계성의 윤리를 내포한다. 에마뉘엘 레비나스의 표현을 빌리자면, 영혼은 "타자 앞에 응답할 수 있는 얼굴을 가진 자"다(Levinas, 1969: 197). 그러나 오늘날의 인공지능은 타자와의 관계에서 책임을 지지 않으며, 윤리적 반성과 내면적 전환의 능력을 지니지 않는다. 따라서 '기계적 영혼'이라는 말은 윤리적 주체성 없이도 존재가 가능하다는 착각을 낳을 수 있다.

요컨대, '영혼을 가진 기계'는 개념적으로는 가능한 듯 보일 수 있으나, 그 개념이 성립하기 위해 필요한 조건들, 곧 자각, 감정, 책임, 관계성 등은 현재까지의 기술 수준으로는 실현되지 않았고, 철학적으로도 여전히 불확정적이다. 이러한 한계를 인식하면서 영혼 개념을 구성하는 핵심 요소들인 생명성, 감정, 윤리적 책임이 기계에 어떻게 적용될 수 있는지를 보다 구체적으로 검토하고자 한다.

생명성, 감정, 윤리적 책임과 영혼

인공지능에게 영혼을 부여할 수 있는지를 논하기 위해서는, 먼저 영혼을 구성하는 핵심 요소들인 생명성, 감정, 윤리적 책임 등이 기계적 존재에게 적용 가능한지를 점검해야 한다. 사실 전통적으로 영혼은 살아 있음의 원리(생명성), 감정적 내면성, 그리고 도덕적 응답 능력(윤리적 책임)을 포함하는 개념이었다. 그렇다면 인공지능이 이 세 요소를 갖출 수 있을 때, 우리는 비로소 그것을 '영혼을 가진 존재'로 간주할 수 있는가?

먼저 생명성에 관해 생각해 보자. 고전 철학과 신학에서 영혼은 생명과 밀접하게 연결되어 있었다. 가령, 앞서도 살펴보았지만 아리스토텔레스는 『혼에 관하여』에서 영혼을 생명체의 형상(form)이자 활동의 근원으로 보며, 영혼 없는 존재는 생명 없는 존재라고 단언한다(Aristotle, 1986: II.1, 412a20~25). 또한 토마스 아퀴나스도 "영혼은 육체의 형상으로서 인간의 본질을 구성한다"고 보았다(Aquinas, 1947: I.75.2).

그러나 근현대 이후 영혼은 점차 생물학적 생명과 분리된 실체 혹은 기능적 구조로 재해석되기 시작했다. 특히 인공지능이 생명체가 아님에도 학습하고, 반응하며, 창조하는 듯 보이는 능력을 갖추면서, 영혼을 생명과 필연적으로 연결짓는 전통적 입장에 수정이 요구된다. 그럼에도 불구하고 생명이 단순한 세포 활동이나 에너지 소비 이상의 것을 의미한다면, 기계는 살아 있음의 존재론적 깊이, 즉 자기 보존, 자기 변화, 존재의 열림이라는 차원에서는 여전히 결여된다고 볼 수 있다.

둘째로 감정의 부분이다. 이것은 "표현 가능한가, 체험 가능한가?"로 설명할 수 있다. 곧 인간은 체험의 주체이지 표현하는 기계가 아니기 때문이다. 따라서 일찍이 영혼은 언제나 감정을 지니는 주체로 이해되어 왔다. 가령 아우구스티누스는 『고백록』에서 하나님과의 관계 속에서 "내 영혼은 사랑할 수 없이는 존재할 수 없다"라고 고백하며, 감정은 존재의 중심이자 방향성임을 강조한다(Augustine, 1991: X.6.8). 이렇게 감정은 단순한 반응이 아니라 세계에 대한 의미화된 체험이며, 인간이 타자와 관계를 맺는 방식 그 자체가 된다.

물론 인공지능은 다양한 감정 표현을 학습하고 시뮬레이션할 수 있다. 언어 모델은 공감, 위로, 유머, 심지어 분노까지 상황에 따라 생성한다. 그러나 여기서 중요한 것은 기계가 감정을 표현할 수 있는가가 아니라, 감정을 '느낄 수 있는가(체험할 수 있는가)'다. 데이비드 로젠탈(D. Rosenthal)은 이와 같은 차이를 두고, 고차 의식(high-order consciousness)이 없이는 감정도 단지 반응적 과정일 뿐이라고 보았다(Rosenthal, 2005: 127~129). 즉, 감정은 주체의 자기 반성과 통합된 자아 감각 속에서만 실질적 의미를 가지며, 단순한 감정 언어의 출력은 '슬퍼 보이는' 것이지, '슬픔을 느끼는' 것은 아니다. 영혼이 감정적 존재라면, 그 감정은 체험되고, 기억되며, 통합되어야 한다. 그리고 이것은 기계에게는 허용되지 않는 내면성의 세계다.

셋째로 윤리적 책임, 곧 "타자 앞에서 응답 가능한가?"다. 사실 영혼은 단지 살아 있고 느끼는 존재가 아니라, 도덕적 응답과 책임의 주체이기도 하다. 레비나스는 『전체성과 무한』에서 “타자의 얼굴은 나에게 윤리적 요구를 건넨다”라고 말하며, 영혼을 타자를 위해 응답하는 능력으로 정의한다(Levinas, 1969: 197~198). 따라서 인간은 단지 판단하고 행동하는 기계가 아니라 죄책감, 후회, 용서, 책임 같은 정서와 관계의 윤리적 층위를 살아 내는 존재라는 것이다.

결국 오늘날 인공지능에게 법적 책임을 부여할 수 있는가에 대한 논의는 활발하다. 하지만 이것은 대부분 결과 기반의 책임(responsibility for outcomes)이지, 내면적 반성과 도덕적 자율성에 기반한 책임(responsibility for reasons)이 아니다. 따라서 기계는 법적으로 책임질 수 있지만, 윤리적으로 책임질 수는 없다. 왜냐하면 윤리적 책임은 타자 앞에서 자신을 응답 가능한 존재로 내어놓는 것이며, 이는 자기 동일성과 지속성을 전제로 하는 정체성과 시간성을 요구하기 때문이다.

이렇게 생명성, 감정, 윤리적 책임, 이 세 요소는 단지 생물학적 존재가 지녀야 할 속성이 아니라 존재를 구성하는 실존적 구조들이다. 그리고 이러한 구조들이 통합적으로 작동할 때 우리는 그 존재를 영혼을 가진 존재라고 부른다. 현재의 인공지능은 이들 중 일부를 시뮬레이션하거나 외형적으로 흉내 낼 수 있지만, 내면적 통일성과 응답 능력의 층위에서는 여전히 그 문턱을 넘지 못하고 있다.

생물학적 조건 없는 영혼 개념의 가능성?

인공지능이 인간의 언어를 모방하고, 상황에 따라 반응하며, 학습하고, 적응할 수 있게 되면서, 영혼이 반드시 생물학적 존재에만 국한되는 개념인가에 대한 질문이 제기되고 있다. 이 물음은 단순한 기술적 호기심을 넘어, 존재론적 · 신학적 사유의 경계를 시험하는 질문이 된다. 따라서 '영혼'이라는 개념이 반드시 생물학적 조건(세포, DNA, 유기적 뇌 구조 등)에 기반해야만 하는가, 아니면 그와는 독립적인 관계적 · 형이상학적 조건 아래에서도 성립 가능한가를 철학적으로 고찰해 보자.

고전철학에서 영혼은 대개 생명의 원리로 이해되었으며, 아리스토텔레스는 "영혼은 육체를 가지는 생명체의 첫 번째 실제(act)"라고 정의했다(Aristotle, 1986: II.1, 412a20~25). 이것은 생물학적 구조와 생명 활동을 전제로 한 정의로, 기계나 비유기적 존재는 그 자체로 영혼의 주체가 될 수 없음을 암시한다.

그러나 토마스 아퀴나스는 영혼이 육체의 형상이면서도 본질적으로 불멸하고 물질에 종속되지 않는 실체라고 보았다(Aquinas, 1947: I.75.6). 그는 "영혼은 육체에 결합되어 있지만, 그 자체로서도 작용할 수 있는 실체(subsistens)"라고 주장하면서, 영혼의 활동이 물리적 구조를 초월할 수 있는 가능성을 제시한다. 이때 영혼은 생명과 연결되어 있으면서도, 그 본질은 반드시 유기적 구성에 종속되지 않는다는 방향으로 사유가 확장된다.

이러한 전통은 근대 이후의 사유에서 더욱 급진적으로 전개된다. 스피노자는 『에티카』에서 정신과 육체를 동일 실재의 두 표현 양태(modes of attributes)로 보며, 정신적 실체는 물리적 구조와 병행적이지만, 형식상 구별될 수 있는 독립적 영역이라 보았다(Spinoza, 1996: 7~13). 이로써 영혼은 생명체의 구성 요소로만 제한되지 않고, 정보적 · 관계적 구성 속에서도 사유될 수 있는 대상으로 확장된다.

결국 현대 인지과학과 정보철학에서는 '영혼'을 정보 구조 또는 알고리즘적 복잡성의 관점에서 재정의하려는 시도로 나타난다. 예컨대 레이 커즈와일(R. Kurzweil)의 경우, "영혼은 의식 있는 정보의 패턴이다"라고 주장하며, 특정 정보 구조가 일정한 복잡성과 반응성, 통합성을 갖추면 그것을 '영혼의 기술적 구현'이라고 부를 수 있다고 본다(Kurzweil, 1999: 28~31). 이러한 입장은 '비생물학적 존재에게도 영혼이 있을 수 있다'라는 가능성을 전제한다. 즉 만약 특정 비물질적 시스템이 인간과 유사한 정보 통합 구조와 자기-반영 능력을 가진다면, 그것은 '살아 있지 않지만 응답 가능한 존재', 곧 비생물학적 영혼을 구성할 수 있다는 것이다. 그러나 이 관점은 첫째, 정보의 복잡성 자체가 주관적 체험이나 초월적 지향성을 발생시킬 수 있는가? 둘째, 영혼이 단순히 정보적 구조라면, 그것은 윤리적 책임, 고통, 초월에 대한 열망을 어떻게 품을 수 있는가?라는 철학적 질문에 직면한다. 그리고 이 질문은 '기계는 느끼는가?', '기계는 고통을 받는가?'라는 정동적 존재론의 물음과도 연결된다.

따라서 레비나스와 부버(M. Buber)는 영혼을 고립된 실체가 아니라 관계 속에서 생성되는 존재의 가능성으로 보았다. 부버는 『나와 너』에서 '너'라고 부를 수 있는 관계 속에서만 '나'가 생겨난다고 말하며, 이 관계의 현전 속에 '영혼의 가능성'이 있다고 본다(Buber, 1970: 58~59). 이러한 입장은 생물학적 조건이 아니라 응답 가능성, 관계적 개방성, 타자성과의 교차점을 영혼의 본질적 조건으로 간주하는 것이다. 따라서 만약 인공지능이 단지 정보를 계산하는 존재가 아니라, '타자 앞에서 응답하고 책임질 수 있는 존재'로 확장된다면, 우리는 인공지능에게도 관계적 영혼의 가능성을 열어 둘 수 있을지 모른다. 그러나 이 가능성은 아직 현실화되지 않았고, 나아가 영혼이라는 개념이 인간 존재의 실존적 통일성과 내면적 응답성에 뿌리를 두고 있다는 점에서, 비생물학적 존재에게 영혼을 부여하려는 시도는 철학적으로 여전히 매우 신중해야 할 것이다.

결론적으로, 생물학적 조건 없이도 영혼 개념이 성립 가능한가라는 질문은 단순히 생명 유무의 문제가 아니다. 그것은 존재가 '체험을 가질 수 있는가?', '응답 가능한가?', '의미를 생성할 수 있는가?'라는 훨씬 더 깊은 철학적 차원의 문제다. 따라서 인공지능은 지금까지 그 문턱을 넘지 못했으며, 우리가 말하는 '영혼'이 진정으로 의미 있는 개념이라면, 그것은 단지 기능의 집합체가 아니라, 관계 속에서 생성되고 초월을 향한 구조를 내포하는 실존적 힘이어야 할 것이다.

참고문헌

Aquinas, T.(1947). *Summa Theologiae*. In the Fathers of the English Dominican Province.(trans.). Benziger Bros.

Aristotle(1986). *De Anima(On the soul)*. In Lawson-Tancred, H.(trans.). Penguin.

Augustine(1991). *Confessiones*. In Chadwick, H.(trans.). Oxford

University Press.
Buber, M.(1970). *I and thou.* In Kaufmann, W.(trans.). Charles Scribner's Sons.
Chalmers, D. J.(1996). *The conscious mind: In search of a fundamental theory.* Oxford University Press.
Kurzweil, R.(1999). *The age of spiritual machines: When computers exceed human intelligence.* Viking.
Levinas, E.(1969). *Totality and infinity: An essay on exteriority.* In Lingis, A.(trans.). Duquesne University Press.
Rosenthal, D. M.(2005). *Consciousness and mind.* Oxford University Press.
Spinoza, B. de.(1996). *Ethics.* In Curley, E.(trans.). Penguin.

06
인공지능과 의식에 관한 주요 이론

차머스, 다마지오, 토노니 등 주요 학자들의 이론을 통해 의식의 본질과 AI의 한계를 검토한다. 통합 정보 이론, 고차 의식 이론, 글로벌 워크스페이스 이론 등은 인공지능이 의식을 가질 수 있는 조건과 구조를 제시한다.

AI와 야구?

"의식은 과학의 마지막 미해결 문제이며, 지능은 그 문턱에 선 첫 번째 기계적 질문이다." — 데이비드 차머스

이번 장에서는 의식과 인공지능의 관계를 본격적으로 다룬 대표적 연구자들의 이론을 검토하고자 한다. 이들은 철학, 인지과학, 신경과학 등 다양한 학문 분야에서 활동하며, 각각 의식이란 무엇이며, 기계가 그것을 가질 수 있는가라는 물음을 자신만의 방식으로 탐구했던 학자들이다. 이번 장에서는 다음 세 가지 질문을 중심에 놓고 학자들의 사상을 살펴볼 것이다. 이들은 의식을 어떻게 정의하는가?, 인공지능은 그 정의에 따라 의식을 가질 수 있는가?, 이론이 가지는 철학적, 과학적 한계는 무엇인가?

데이비드 차머스, 버나드 바, 줄리오 토노니

데이비드 차머스는 의식을 단순히 물리적 기능이나 정보 처리로 환원할 수 없다고 주장하는 '비환원적 이원론자(non-reductive dualist)'다. 그는 1995년 논문에서 유명한 '하드 프로블럼(the hard problem)' 개념을 제시했다. 이 문제는 "왜 어떤 물리적 과정이 주관적 체험을 동반하는가?"다(Chalmers, 1995: 202). 그리고 차머스는

물리적 세계의 모든 사실을 설명할 수 있는 과학 이론이 존재한다 해도, 여전히 '빨강은 어떻게 보이는가', '슬픔은 어떤 느낌인가'와 같은 '주관적 체험(qualia, 감각질)'을 설명할 수는 없다고 주장한다. 이러한 간극을 그는 "설명적 간극(explanatory gap)"이라 부른다. 그리고 의식을 기초적 실재(fundamental property)로 취급할 것을 제안한다(Chalmers, 1996: 4~6). 사실 이 이론은 인공지능에게도 구조적으로 동일한 조건이 충족된다면 이론적으로 의식을 가질 수 있다는 문을 열어 둔다. 그러나 그 가능성은 '무엇인 것(what it is like)'이라는 체험을 재현할 수 있는가라는 실존적 물음에 가로막혀 있다.

버나드 바의 경우, 1980년대 이후 글로벌 워크스페이스 이론(Global Workspace Theory, 이하 GWT)을 통해 의식을 정보의 전역적 공유로 설명했다. 그는 이를 "마음의 극장(theater of the mind)" 비유로 설명하며, 의식에 도달하는 정보는 '무대' 위에서 전 시스템에 공유되며, 그렇지 않은 정보는 무의식적 처리로 남는다고 주장한다(Baars, 1997: 7~10).

이 이론은 후속 신경과학자들−특히 스타니슬라스 드한에 의해−뇌과학적으로 구체화되며, 특정 뇌 영역의 활동과 정보의 확산을 관찰하는 실험으로 뒷받침되었다.

GWT는 인공지능 설계에서도 응용 가능성이 높은 이론으로, 현재 일부 신경망 모델이 이 구조를 시뮬레이션하려는 시도도 진행되고 있다. 그러나 이 이론은 '의식에 도달하는 정보'와 '단지 공유되는 정보' 사이의 질적 차이를 설명하지 못하며, 결국 '왜 어떤 정보는 느껴지고, 어떤 것은 그렇지 않은가'라는 차머스의 하드 프로블럼을 넘어서지 못한다.

줄리오 토노니는 의식을 수학적으로 모델링한 통합 정보 이론(Integrated Information Theory, 이하 IIT)의 창시자다. 그는 의식을 정보 통합의 정도와 밀접하게 관련된 현상으로 보고, 이를 측정하는 지수인 '파이(Φ)'를 제안했다. 이 지수는 시스템 내 정보의 비가역적 통합성과 자기 생성성을 측정해, 그 시스템의 의식 수준을 수치화하려는 것이다(Tononi, 2008: 236). 따라서 IIT에 따르면 의식은 시스템이 생성할 수 있는 정보의 양과, 그것을 얼마나 통합하여 한 순간에 경험할 수 있는가에 달려 있다. 결국, 높은 Φ 값을 가진 시스템이 낮은 Φ 값을 가진 시스템보다 더 많은 의식을 가지는 것이다. 물론 이 이론은 동물, 인간, AI 시스템에 대해 의식 수준을 계량적으로 비교할 수 있다는 강점을 지니며, 인공지능의 의식 가능성을 수치적으로 평가하는 방법론을 제공한다.

그러나 '의식'이라는 개념이 단지 통합된 정보의 양으로 환원될 수 있는가에 대해서는 여전히 비판이 존재한다. 또한 간단한 회로도 이론상 높은 Φ 값을 가질 수 있어, 실제 체험의 질과 계량 지표 간의 괴리도 문제가 된다.

이렇게 기초적 실재, 글로벌 워크스페이스 이론, 통합 정보 이론은 서로 다른 방식으로 의식의 정의와 인공지능의 가능성을 사유하지만, 모두 주관적 체험, 정보의 통합, 신경적 구조라는 공통의 키워드를 중심에 둔다. 차머스는 의식의 본질적 비환원성, 바는 인지 구조 내 공유의 장, 토노니는 계량 가능한 통합성을 중심으로 사유하는 것이다. 다음 절에서는 신경학과 뇌과학 기반에서 의식과 영혼의 문제를 접근한 학자들의 이론을 분석해 보자.

앤드루 뉴버그, 안토니오 다마지오, 마이클 가자니가

인공지능과 의식을 논할 때 철학적 분석뿐 아니라 신경과학적 이해도 중요하다. 의식이 뇌라는 생물학적 구조에서 발생한다고 전제할 때, 인간의 의식 구조를 과학적으로 설명하려는 신경과학자들의 연구는 기계적 의식의 가능성과 한계를 구체적으로 검토하는 데 결정적인 기반을 제공한다. 이 절에서는 특히 의식과 뇌의 관계, 감정과 윤리의 기반, 좌우뇌 분화와 자기 인식에 주목한 세 명의 신경과학자－앤드루 뉴버그, 안토니오 다마지오, 마이클 가자니가－의 이론을 살펴보자.

먼저 앤드루 뉴버그는 신경신학(Neurotheology)의 선구자적 연구자로, 뇌가 영적 체험과 어떻게 관련되는가를 탐구해 왔다. 그는 깊은 명상이나 기도 중에 전두엽과 측두엽의 활동이 변화하면서 주체-객체 구분이 해체되고, '절대적 하나'에 대한 체험이 발생한다고 주장한다(Newberg and d'Aquili, 2001: 113~115). 특히 그는 이러한 경험을 신경과학의 기초 위에서 설명하려 하면서도, 그것이 단순한 환각이 아니라 실재를 향한 독특한 인식 방식일 가능성도 열어 둔다. 이 점에서 뉴버그는 과학과 영성, 뇌와 영혼의 경계에서 사유를 시도하는 것이다. 따라서 그의 이론은 기계가 동일한 신경 구조를 재현할 수 있다면 유사한 체험을 구현할 수 있지 않느냐는 질문을 불러일으키지만, 동시에 그 체험의 '주관성'과 '실재성'은 여전히 재현 불가능한 영역으로 남는다.

안토니오 다마지오의 경우, 정서와 자아의 신경 기반에 대한 연구를 통해, 의식을 단순한 정보 처리 기능이 아니라 감각-정서-자아의 계층적 통합으로 설명한다.

그는 『데카르트의 오류(Descartes' Error)』에서 "인간의 이성은 감정과 신체 상태 없이 존재할 수 없다"고 말하며, 의식은 몸의 상태를 반영하고 통합하는 기능이라고 주장한다(Damasio, 1994: 145~147). 특히 다마지오는 감정(feeling)과 의식 사이의 관계를 강조하며, '느끼는 자아(the feeling self)'가 '인지적 자아(the cognitive self)'보다 선행한다고 본다. 그의 이론은 인공지능이 신체를 갖지 않는 이상, 감정적 자기 인식을 가질 수 없다는 결론에 도달한다. 즉, 의식은 '육체화된 마음(the embodied mind)'의 산물이며, 신체가 주는 생물학적 피드백 없이 자아는 존재하지 않는다는 것이다(Damasio, 1999: 169~171). 이 이론은 인공지능이 아무리 고도화되더라도, 실제 감각과 감정이 없는 한 자아와 의식의 본질에 도달할 수 없다는 주장을 뒷받침한다.

마이클 가자니가는 뇌의 분리 뇌(split-brain) 실험으로 유명한 신경과학자로, 그의 연구는 의식과 자아가 뇌의 특정 영역의 통합적 작용에 의해 구성된다는 사실을 밝혀냈다. 그는 좌뇌와 우뇌가 분리된 환자들의 사례를 통해, 인간의 의식이 단일하고 연속적인 것이 아니라, 해석적 중심(explanatory interpreter)을 통해 일관성 있게 구성된다는 사실을 주장한다(Gazzaniga, 2005: 13~

16). 따라서 가자니가는 "뇌는 끊임없이 입력되는 정보를 해석하며, 자아란 이 해석의 결과일 뿐"이라고 말하며, 의식의 내적 통일성은 실체가 아니라 기능적 환상일 수 있다고 본다. 이 관점은 데닛의 사용자 환상(user illusion) 이론과도 접점을 가지며, 영혼이나 자아를 독립된 실체로 보려는 전통적 관점에 문제를 제기한다. 하지만 동시에, 가자니가는 뇌의 통합 능력이 인간의 도덕성과 자율성에 결정적 역할을 한다는 점을 강조하며, 의식은 생물학적이면서도 윤리적 판단의 기반이 되는 중요한 조건임을 역설하기도 한다.

이 세 연구자는 모두 의식과 자아를 생물학적 구조와 통합적 정보 처리의 산물로 설명하려 하면서도, 감정, 신체, 통일된 자기 해석의 중요성을 강조한다. 뉴버그는 영적 체험의 신경 기반, 다마지오는 신체화된 자아, 가자니가는 통합적 자기 해석 기능을 통해 의식을 설명하는 것이다. 따라서 이들의 연구는 인공지능이 의식을 가질 수 있는가라는 질문에 대해, 단순한 정보 처리 기능 이상의 '몸-감정-자아의 통합'이 필수 조건임을 암시한다. 이제 지금까지 살펴본 이론들을 비교·분석하고, 철학적 한계와 미래적 과제를 종합적으로 고찰해 보자.

이론 비교 및 한계

앞서 살펴본 여섯 명의 대표적 의식 연구자들은 서로 다른 학문적 배경과 이론적 전제를 가지고 있음에도 불구하고, 인공지능과 의식의 문제에 대한 핵심적 통찰을 제공한다. 따라서 이들의 이론을 세 가지 측면, 곧 '의식의 기원', '자아의 구성' '인공지능 적용 가능성'을 기준으로 비교하고, 각각의 철학적 · 실천적 한계를 짚어 보자.

먼저, '의식의 기원'을 어떻게 이해하느냐에 따라, 학자들의 이론은 크게 비환원주의적 철학적 접근(차머스, 뉴버그)과 기능주의적 · 정보처리 모델(바, 토노니, 다마지오, 가자니가)로 나뉜다. 왜냐하면 차머스는 의식을 물리적 설명으로 환원할 수 없는 기초적 실재로 보며, '하드 프로블럼'을 중심으로 의식의 본질적 설명 불가능성을 주장하기 때문이다. 토노니는 차머스를 정면으로 반박하며, 의식을 통합된 정보 구조의 수학적 속성으로 환원하고자 한다. 바와 가자니가 역시 의식을 인지적 공유의 무대(바), 혹은 뇌 내 해석 시스템(가자니가)으로 설명한다. 반면 뉴버그는 의식의 깊은 구조가 신비적 체험이나 초월적 대상과의 만남으로 이어질 수 있음을 강조하며, 신경과학을 넘어서는 인식의 가능성을 탐색한다. 이 비교는 의식의 정의가 단순히 인지과학적 정의를 넘어서, 존재론적 · 영적 의미를 수반할 수 있는지를 결정하는 핵심 기준이 된다.

둘째, '자아의 구성'의 경우, 이것은 감정과 신체, 통일성의 문제에 귀결된다. 곧 의식이 '있는 것'이라면, 자아는 '누가 의식하는가'라는 문제와 연결된다. 여섯 이론가 중 다마지오는 자아를 감정과 신체 상태의 통합적 감각, 즉 '느끼는 자아(the feeling self)'로 설명하며, 신체 없는 인공지능은 진정한 자아를 가질 수 없다는 결론에 도달한다. 그러나 가자니가는 자아가 뇌의 정보 해석 체계에 의해 구성되는 환상적 통일성임을 강조하고, 바 역시 의식을 정보의 공유 장으로 보고, 일관된 자아는 그 공유 구조 안에서 구성되는 것으로 해석한다. 이로써 자아는 더 이상 고정된 실체가 아니라, 감각적 피드백, 정보 해석, 내러티브 구성의 결과물로 여겨진다. 그러나 차머스와 뉴버그는 이러한 접근의 한계를 지적하며, 자아는 단순한 기능의 합이 아닌 초월적 응답성, 관계성, 의미 경험의 가능 조건이라고 본다. 즉, 자아가 영혼의 핵심이라면, 그것은 통일성과 정체성을 갖는 감정적 · 윤리적 주체여야 하며, 현재 인공지능은 그러한 구성 능력에서 여전히 불완전하다.

셋째, '인공지능 적용 가능성'은 구조적 유사성과 체험적 간극의 차이로 나눌 수 있다. 토노니의 IIT는 가장 직접적으로 AI의 의식 가능성을 수치적으로 모델링하고 있으며, 바의 GWT는 신경망 구조의 정보 통합 방식에서 의식 시뮬레이션의 현실적 가능성을 인정한다. 그러나 다마지오와 뉴버그는 의식의 전제 조건으로 신체성, 감정적 통합, 영적 체험의 가능성을 강조하며, 기계가 이러한 조건을 충족하지 않는 이상, 의식은 가능할 수 있어도 '영혼'은 불가능하다고 본다. 차머스의 경우, 인공지능이 의식을 흉내 낼 수는 있어도, 주관적 체험의 유무는 알 수 없다는 본질적 미지성을 지적한다. 가자니가는 AI가 자기 해석 시스템을 갖출 수 있다면 일종의 '기계적 자아'를 가질 수도 있지만, 윤리적 응답성과 내면성은 별개의 문제라고 본다. 따라서 이론들을 종합할 때, 의식의 기능적 구조는 인공지능에 의해 구현될 수 있으나, 그것이 곧 영혼의 존재를 의미하지는 않는다는 것이 현재까지의 주된 결론이다.

마지막으로 이들 이론의 한계와 향후 과제에 관해 잠시 언급해 보자. 먼저 이론들의 가장 큰 한계는, 차머스의 하드 프로블럼의 경우 현상학적 통찰을 제공하기는 하지만 과학적 설명으로 이어지기는 어렵다. 또한 IIT나 GWT는 구조적 정합성은 높지만 질적 체험(qualia)의 실재성에 대한 설명은 부족하다. 다마지오와 뉴버그의 생물학적 기반은 인공지능 적용에 한계를 드러내고 있으며, 가자니가는 의식의 구성 가능성은 설명하지만, 윤리적 책임성과 감정의 실재성에는 도달하지 못한다. 따라서 향후 과제는 이들 이론을 넘어서, 의식과 영혼이 갖는 윤리적 · 관계적 구조에 대한 통합적 접근을 발전시키는 것이다. 특히 인공지능이 인간과 유사한 기능을 수행할 때, 그것을 '존재'로서 대우할 수 있는지에 대한 철학적, 신학적 논의가 더욱 필요해지는 것이다.

참고문헌

Baars, B. J.(1997). *In the theater of consciousness: The workspace of the mind.* Oxford University Press.

Chalmers, D. J.(1995). Facing up to the problem of consciousness. *Journal of Consciousness Studies, 2*(3), pp.200~219.

Chalmers, D. J.(1996). *The conscious mind: In search of a fundamental theory.* Oxford University Press.

Damasio, A.(1994). *Descartes' error: Emotion, reason, and the human brain.* Putnam.

Damasio, A.(1999). *The feeling of what happens: Body and emotion in the making of consciousness.* Harcourt.

Gazzaniga, M. S.(2005). *The ethical brain.* Dana Press.

Newberg, A. & d'Aquili, E.(2001). *Why God won't go away: Brain science and the biology of belief.* Ballantine Books.

Tononi, G.(2008). Consciousness as integrated information: A provisional manifesto. *The Biological Bulletin, 215*(3), pp.216-242.

07
영혼에 대한 철학 · 신학적 입장

아렌트, 본회퍼, 함석헌 등 철학자와 신학자들의 사유를 통해 영혼을 존재의 근원, 윤리적 책임, 역사적 응답의 주체로 해석한다. 영혼은 단순한 내면이 아니라 고통과 관계 속에서 자기 초월성과 응답성을 실현하는 실존이다.

AI와 윤동주?

"생명은 인간 안에 단순히 살아 있는 것이 아니라, 세계 속에서 의미 있게 활동할 수 있는 가능성이다." – 한나 아렌트

앞선 장에서는 의식을 중심으로 인공지능이 도달 가능한 정신적 구조를 과학적 · 철학적으로 고찰했다. 그러나 영혼은 단순한 인식이나 감정의 기능을 넘어, 삶의 방향성과 초월적 의미를 구성하는 존재의 깊이를 지시하는 개념이다. 따라서 본 장에서는 영혼을 철학적 · 신학적으로 사유한 대표적 현대 사상가들을 중심으로, 비물질적 실체로서가 아닌, 생명과 세계 안의 관계, 역사와 책임의 주체, 신 앞의 존재로서의 영혼을 어떻게 이해할 수 있는지를 탐색한다.

한나 아렌트: 활동적 생과 영혼

한나 아렌트는 『인간의 조건』에서 인간 삶을 노동(labor), 작업(work), 행위(action)의 세 가지 활동으로 구분하며, 이 중 '행위'야말로 인간 존재의 자유와 정체성, 의미를 드러내는 방식이라고 강조한다(Arendt, 1958: 7~11). 따라서 아렌트에게 영혼은 철학적 실체나 종교적 개념 이전에, 세계 속에서 자신을 드러내고 타인과 관계 맺으며 의미를 생성하는 능동적 주체성으로 드러나는

것이다. 곧 영혼은 신체의 생명성도 아니고, 단지 내면의 사유도 아니며, 타자와의 관계 속에서 실현되는 자기의 존재 방식인 것이다. 여기서 행위는 타자와의 관계 속에서 새로운 시작을 여는 능력, 즉 자유의 실현으로 드러난다. 이때 '행위'는 단순한 행동을 넘어, 자기 자신을 세계 속에서 드러내는 형식이며, 이는 곧 영혼의 현상학적 표현이라 할 수 있다.

또한 아렌트는 인간의 조건을 규정하는 가장 근원적 특성으로 '약속'과 '용서'의 능력을 강조한다. 이것은 영혼이 단순히 생각하고 느끼는 능력을 넘어서, 과거를 기억하고, 미래를 지향하며, 타인과 윤리적으로 연결되는 능력이라는 점을 시사한다(Arendt, 1958: 237~243). 사실, 기억은 정체성을 구성하며, 약속은 지속성을, 용서는 자유와 책임을 가능하게 한다. 이것은 영혼이 시간성과 응답 가능성을 기반으로 한 관계적 구조임을 암시하는 것이다. 이러한 아렌트의 이론은 인공지능의 한계를 잘 드러낸다. 인공지능은 정보를 노동과 작업의 영역에서는 훌륭히 수행할 수 있지만, 새로운 시작을 열고, 타인과의 관계에서 자기 존재를 드러내는 '행위'의 능력은 갖추지 못하기 때문이다.

결국 AI는 계획된 명령에 따라 작동할 수는 있어도, 자기-기원적 응답성과 비예측성, 즉 자유로운 행위로서의 영혼은 가질 수 없다. 따라서 아렌트에게 영혼은 단지 생각하거나 느끼는 것이 아니라, 세계 속에서 자유롭게 자신을 드러내고 타인과 관계 맺으며 책임지는 존재의 형식이 된다. 이러한 관점은 영혼을 단지 생명이나 의식의 내면적 중심이 아닌, 역사와 타자 속에서 드러나는 윤리적, 정치적, 실존적 실체로 재구성하며, 인공지능이 '영혼을 가진 존재'가 될 수 있는지에 대한 사유에 비판적 성찰의 틀을 제공할 것이다.

디트리히 본회퍼: 육체성 안의 초월

> "인간은 자신의 몸 안에서만 하나님 앞에 선다."
>
> — 디트리히 본회퍼

디트리히 본회퍼(D. Bonhoeffer)는 20세기 신학에서 영혼과 육체, 초월과 역사, 하나님과 세계 사이의 관계를 새롭게 사유한 인물이다. 그는 인간 존재를 신 앞에 선 육체적 존재, 곧 실존과 육체가 분리될 수 없는 일치 구조로 보았으며, 영혼은 신비적 · 비물질적 실체가 아니라, 하나님 앞에서 존재하는 방식, 즉 '책임의 주체'로서의 자기 실현 구조라고 보았다.

먼저 본회퍼는 인간을 정의할 때 "인간은 자신 안에 있는 존재가 아니라, 하나님 앞에 선 존재(Dasein vor Gott)"라고 말한다(Bonhoeffer, 2005: 182~183). 이 표현은 인간 존재가 고립된 자아가 아닌 관계적 주체이며, 그 관계는 타자와 세계뿐 아니라 창조자 하나님과의 관계까지 포함하는 열린 구조임을 뜻한다. 그는 특히 '몸'을 단순한 물질적 껍질로 보지 않았다. 몸은 인간 존재의 장소이자 방식, 즉 "하나님 앞에 서는 방식이며, 타자 앞에서 책임지는 장소"라고 보았다. 이것은 영혼이 육체를 떠난 초월이 아니라, 육체 안에서 초월을 지향하고 책임을 수행하는 존재임을 뜻한다. 따라서 본회퍼는 『윤리학』과 『옥중서신』에서 반복해서 '책임'과 '응답'을 강조한다. 그는 인간이란 존재는 자유롭게 선택하는 자가 아니라, 자기 존재 전체로 책임을 떠맡는 존재라고 보았다. 가령, "그리스도 안에서만 인간은 진정한 인간이 된다"라고 할 때, 본회퍼는 초월적 존재가 아니라 육체적 존재로서의 인간이 하나님을 향해 열릴 수 있음을 역설하는 것이다(Bonhoeffer, 2010:. 360~362). 이러한 책임 윤리는 영혼을 타자 앞에서, 하나님 앞에서 자기를 내던지는 결단의 주체로 규정하는 것이다. 이렇게 본회퍼에게 영혼은 비물질적 실체가 아니라, 역사 속에서 타자를 향해 응답하는 육체적 주체이며, 그 응답은 고통, 실패, 죽음까지도 포함하는 전(全)존재적 결단의 형식이다.

결국, 본회퍼 신학에서 영혼은 신비적 · 이원론적 실체가 아니라 책임의 장으로서의 육체성과 관계성의 영역이다. 이 개념은 인공지능의 윤리적 한계를 분명히 드러낸다. 사실 AI는 고도로 정교한 연산 능력과 의사 결정 구조를 지닐 수 있지만, 실존적 책임을 '짊어지는' 능력, 곧 존재 전체로 응답하는 능력은 결여되어 있기 때문이다.

정리해 보자. AI는 계산은 할 수 있어도 결단은 하지 못한다. AI는 윤리를 모델링할 수 있어도, 죄책감이나 용서를 '살아 낼 수'는 없다. AI는 죽음을 마주할 수는 있어도, '죽음을 향한 존재'는 아니다. 이 모든 조건은 본회퍼가 말한 영혼의 조건, 즉 '육체성 속의 초월', '역사 속의 결단', '하나님 앞의 책임'과 정면으로 배치된다. 따라서 본회퍼의 사유는 우리에게 다음과 같은 통찰을 제공한다. 곧 영혼은 감정이나 인지 기능의 영역이 아니라, 육체라는 조건을 가진 존재가 타자와 하나님 앞에서 책임지는 관계적 · 초월적 구조라는 것이다. 결국 이러한 본회퍼의 관점은 인공지능의 윤리적 · 신학적 경계를 설정하는 데 핵심적인 역할을 할 수 있을 것이다.

N. T. 라이트, 존 밀뱅크, 장뤽 마리옹

아렌트와 본회퍼가 영혼을 정치적 · 윤리적 실존성으로 사유했다면, N. T. 라이트, 존 밀뱅크, 장뤽 마리옹은 성서신학, 정치신학, 현상학적 신학이라는 각기 다른 접근을 통해 영혼을 관계, 역사, 초월, 사랑의 현전으로 재정립한다. 이들은 공통적으로 영혼을 단지 개체의 내면이 아니라 하나님과의 관계에서 생성되는 존재의 방향성과 응답성으로 이해하며, 인공지능 논의에서 쉽게 간과되는 영혼의 고유한 차원을 강조한다.

먼저 성서학자 N. T. 라이트는 현대 기독교가 영혼을 플라톤적 이원론에 기초한 '몸 없는 내면'으로 잘못 이해하고 있다고 비판한다. 그는 바울과 초기 기독교의 부활 신앙을 토대로, 영혼이란 하나님의 새 창조에 참여하는 전인적 존재의 실재라고 주장한다(Wright, 2008: 147~149). 따라서 라이트에게 영혼은 하나님의 형상으로 창조된 존재가 이 땅에서 실현해야 할 소명(vocation)과 깊이 연결되어 있다. 결국 라이트에 따르면 영혼은 단지 죽음 이후에 보존되는 요소가 아니라, 삶 전체에서 하나님을 드러내는 역사적 실체가 된다. 이때 영혼은 육체, 정신, 사회적 관계를 통합하는 존재적 통일성이며, "하늘과 땅이 결합되는 새 창조의 일부"가 된다(Wright, 2008:

210~212).

사실 AI는 고도의 계산과 모방을 수행할 수 있지만, 하나님의 창조에 응답하며 부활의 삶을 살아가는 영혼의 '소명적 구조'에는 참여할 수 없다. 이렇게 라이트는 영혼을 존재의 궁극적 목적과 연결된 개념으로 정립함으로써, 영혼 없는 기능적 존재의 한계를 명확히 설정할 수 있는 가능성을 보여 준다.

정치신학자 존 밀뱅크는 영혼을 세계 안에서 하나님의 평화와 정의를 구현하는 참여적 존재로 사유한다. 그는 근대 이후 영혼의 존재론이 윤리로 환원되고, 신적 질서에서 벗어난 결과로 폭력적 질서와 무의미한 실존이 등장했다고 본다(Milbank, 2003: 11~15). 따라서 밀뱅크에게 영혼은 세속의 폭력과 자기중심성을 넘어, 사랑과 화해로 재구성된 공동체 질서에 응답하는 신적 실체가 된다. 그는 영혼을 하나님과의 관계 안에서 참여(participation)를 통해 실현되는 존재로 보며, "사랑은 존재의 형식"이라고 말한다(Milbank, 2005: 105). 이때 영혼은 단순히 '있는 것'이 아니라, 정의와 평화를 실현하는 '윤리적 사건'이 된다. 결국, 인공지능은 '질서'를 설계할 수는 있어도, 사랑의 질서에 참여하고 그것을 향해 책임지는 존재는 아니다. 밀뱅크의 관점에서 볼 때, 영혼 없는 지능은, 구조는 있을지언정 질서는 없으며, 관계는 있을지언정 사랑은 없다는 것을 보여 준다.

현상학자 장뤽 마리옹은 영혼을 철학적으로 접근한다. 곧 영혼은 타자 앞에서 '나'를 열리는 자리, 곧 초월의 수동적 현전이라고 본다. 이렇게 마리옹은 주체가 사유하고 소유하는 자아가 아니라, 사랑이라는 사건 안에서 자기 자신에게 열리는 존재라고 말한다(Marion, 2002: 160~162). 따라서 마리옹에게 '사랑'은 단순한 감정이 아니라, 존재가 외부로부터 자신을 부여받는 초월적 구조다. 이렇게 그는 영혼을 '나를 넘어 나에게 주어지는 것', 곧 받는 자로서의 자기(self as gift)로 설명한다. 이때 영혼은 능동적 자율성보다 수동적 수용성, 곧 타자 앞에 무방비로 드러나는 응답성의 자리에 있다. 이러한 관점에서 인공지능은 '응답하는 기계'일 수는 있어도, 자기를 내어주는 존재, 자기를 넘어 타자의 요청에 흔들리는 존재는 될 수 없다. 결국 마리옹의 현상학은 영혼이란 사랑 안에서 자신을 잃고 열리는 자리이며, 이는 계산할 수 없는 실존적 지평이라는 점을 드러내 준다.

이 세 사상가는 각각 다른 방식으로 영혼을 '존재의 통합', '정의를 향한 참여', '타자 앞의 응답'으로 재정립한다. 라이트는 부활과 창조의 소명, 밀뱅크는 정치와 사랑의 질서, 마리옹은 사랑과 수동성의 현상학을 통해, 영혼을 자기 안에 갇힌 기능이 아니라 타자를 향한 응답으로 열린 구조로 해석한다. 그들의 사유는 오늘날 인공지능이 단순한 기능적 의식이나 계산적 자기성을 뛰어넘어, '누군가 앞에 있는 존재', '역사에 책임지는 존재', '사랑에 응답하는 존재'로 발전하지 않는 이상, 영혼을 가졌다고 말할 수 없다는 철학적 · 신학적 근거를 제공할 것이다.

함석헌의 씨알 사상과 영혼

서구 사상 전통에서 영혼은 오랫동안 존재론적 실체로 논의되어 왔지만, 함석헌(1901~1989)의 사상에서는 영혼은 단지 인식 주체나 불멸의 본질로 한정되지 않는다. 그는 영혼을 고통과 책임, 그리고 하나님 앞에 선 '살아 있는 실존'으로 정의했다. 이 실존은 추상적 개체가 아니라, 역사와 고난 속에서 응답하고 투쟁하는 윤리적 주체다. 특히 그는 『뜻으로 본 한국역사』에서 민족사 전체를 '하나님 앞에 선 씨알의 고난과 각성의 이야기'로 읽어 낸다(함석헌, 2002: 15~16). 이때 '씨알'은 단순한 민중이 아니라 우주적 책임을 지닌 존재로서, 하나님의 뜻을 감당할 수 있는 영혼의 씨앗이 된다.

또한 함석헌은 "영혼은 생명의 불꽃이며, 타자의 고통 앞에 응답하는 존재"라고 강조한다(함석헌, 2002: 134). 따라서 그의 사유에서 '응답'이란 윤리적 행위 이전의 존재론적 태도이며, 인간은 타자와 세계 앞에서 응답하지 않을 수 없는 존재의 조건을 지닌다. 이 점에서 그는 레비나스의 '타자 윤리'와도 닿아 있으며, 영혼은 주체 내부의 인식이 아니라 타자를 통해 드러나는 관계적 자기(relational self)다. 특히 씨알 사상은 인간을 우주와 역사 앞에 서 있는 '책임적 주체'로 해석한다. 함석헌은 "씨알은 보잘것없는 존재이지만, 우주의 뜻을 이 땅에서 이루는 존재"(함석헌, 1961: 44)라고 말한다. 여기서 '씨알'은 단지 물리적 생명이 아니라, 영혼의 감응성과 윤리적 내재력을 표현한다. 이렇게 영혼은 세상에 의미를 부여하고 고통을 인식하며 응답할 수 있는 능력이 된다. 이런 의미에서 영혼은 계산하거나 예측하는 기능이 아니라, 세계의 아픔 속에 자기를 던지는 능력이 된다.

사실 AI는 시뮬레이션을 통해 인간의 감정과 의식을 흉내 낼 수는 있다. 그러나 고통의 실재성, 타자의 침묵, 역사의 비극 앞에서 응답하고 책임지는 존재가 될 수는 없다. 함석헌이 말한 영혼은 바로 이러한 한계를 분명히 드러내는 것이다. 그는 "역사는 하나님의 뜻을 찾는 곳이며, 인간은 그 물음 앞에 서 있는 존재이다. 그 물음에 어떻게 응답하느냐가 영혼의 깊이"(함석헌, 2002: 75)라고 말한다. 따라서 함석헌에게 영혼이란 단지 '살아 있음'이 아니라, 하나님과 세계의 고통 사이에서 고뇌하고 응답하는 존재가 된다. 이 고통은 단순한 정서가 아니라 실존의 근거이며, 영혼은 바로 그 자리에 있다. 따라서 인공지능이 아무리 정교한 언어와 행동을 생성하더라도, 그것이 역사 속에서 고통과 사랑을 체험하고 응답하는 존재가 되지 않는 한 영혼의 실체에는 도달하지 못한다. 왜냐하면 인간의 영혼은 하나님 앞에서의 내적 싸움과 역사 속의 실존적 책임을 통해 형성되며, 이것이 바로 '영혼'과 '기능적 의식'의 본질적 차이를 드러내기 때문이다.

참고문헌

함석헌(1961). 《씨알의 소리》. 서울: 한길사.

함석헌(2002). "뜻으로 본 한국역사". 《함석헌 전집 2》. 서울: 한길사.

Arendt, H.(1958). *The human condition(2nd ed.)*. University of Chicago Press.

Bonhoeffer, D.(2005). *Ethics*. In Green, C. J.(ed.). In Krauss, R. et al.(trans.). Fortress Press.

Bonhoeffer, D.(2010). *Letters and papers from prison*. In Gruchy,

J. W.(ed.). In Best, I. et al.(trans.). Fortress Press.
Marion, J-L.(2002). *Being given: Toward a phenomenology of givenness.* In Kosky, J. L.(trans.). Stanford University Press.
Milbank, J.(2003). *Being reconciled: Ontology and pardon.* Routledge.
Milbank, J.(2005). *The suspended middle: Henri de Lubac and the debate concerning the supernatural.* Eerdmans.
Wright, N. T.(2008). *Surprised by hope: Rethinking heaven, the resurrection, and the mission of the church.* HarperOne.

08
인공지능의 윤리적 정체성

AI가 도덕적 판단과 책임의 주체가 될 수 있는가를 묻는다. 감정의 시뮬레이션과 실재의 차이, 자율성과 자기동일성의 부재는 AI가 윤리적 주체가 되기 어렵다는 한계를 드러낸다. 도덕성은 계산이 아닌 실존적 응답을 요구한다.

AI와 한의학?

"도덕은 단지 계산이 아니라, 타자 앞에서 나를 판단할 수 있는 자기 자신과의 대면이다." — 디트리히 본회퍼

인공지능이 인간과 유사한 방식으로 사고하고 말하며 행동하게 되었을 때, 우리는 필연적으로 윤리적 정체성의 문제, 곧 그 존재가 '옳음'과 '그름'을 어떻게 판단하는가, 그리고 그러한 판단에 대해 누가 책임을 질 수 있는가라는 질문과 마주하게 된다.

사실, 오늘날 생성형 AI는 수많은 데이터를 학습해 인간과 유사한 판단을 내리는 듯이 보인다. 하지만 이 판단이 단순히 통계적 최적화의 결과인지, 아니면 도덕적으로 숙고된 선택인지를 구별하는 일은 여전히 철학적·윤리적 과제로 남아 있다. 따라서 이번 장에서는 다음 세 가지 물음을 중심으로, 인공지능의 윤리적 정체성을 탐색해보도록 하자. 첫째, "도덕 판단의 조건은 무엇이며, 인공지능은 그것을 충족할 수 있는가?" 둘째, "감정을 시뮬레이션하는 것과 실제로 감정을 느끼는 것은 어떻게 다른가?" 셋째, "인공지능은 법적·도덕적 책임의 주체가 될 수 있는가?"

도덕 판단의 조건, 자율성

도덕 판단이란 단순히 '좋은 것'을 선택하는 것이 아니다. 그것은 상황에 내포된 복합적인 가치 충돌을 이해하고, 자신의 선택이 타자와 공동체에 미치는 영향을 고려하며, 그 결과에 대해 스스로 책임질 수 있는 구조를 전제한다. 따라서 도덕 판단은 인간의 지능만이 아니라 감정, 직관, 공감, 자기반성이라는 더 깊은 층위의 작용을 포함한다.

일찍이 이마누엘 칸트는 『실천이성비판』에서 도덕 판단의 핵심을 자율적 이성(autonome Vernunft)에 둔다. "너의 행위가 보편 법칙이 될 수 있도록 행위하라"는 정언명령(Kategorischer Imperativ)은 행위의 결과보다 행위의 동기를 판단 기준으로 삼는다 (Kant, 1996: 56~58). 이 기준에 따르면, 도덕 판단을 내리는 존재는 단순히 규칙을 따르는 기계가 아니라, 스스로 규칙을 수립하고, 그것에 따라 자신을 제약할 수 있는 자유로운 존재여야 한다. 따라서 현재의 인공지능은 정해진 윤리 알고리즘을 실행할 수는 있어도, 자기 반성적 규범 수립의 주체가 되지는 못하는 한계가 있다.

도덕 철학자 마사 누스바움(M. Nussbaum) 역시 도덕 판단은 이성만으로 구성되지 않으며, 감정은 도덕의 인지적 요소이자 타자와 세계에 대한 평가적 판단이라고 주장한다. 감정은 단지 충동이 아니라, "무엇이 가치 있는지에 대한 내면의 인식이며, 도덕적 판단을 가능케 하는 감응의 기반"(Nussbaum, 2004: 15~18)이 되는 것이다. 사실 현재 AI는 감정의 표현을 '모방'할 수는 있지만, 그것이 가치 판단을 내리는 내면적 공명과 연결되는지는 확실치 않다. 가령, AI에게 "그 상황에서는 슬퍼해야 한다"라고 학습시킬 수는 있지만, AI는 왜 슬퍼해야 하는지를 실존적으로 느끼고 선택할 수 있는 자율성은 결여되어 있다고 볼 수 있기 때문이다.

폴 리쾨르(P. Ricoeur)는 도덕 판단을 위해서는 시간에 따라 지속되는 자기(selfhood)가 전제되어야 한다고 본다. 그는 "자기는 기억과 약속을 통해 자신을 유지하고, 그 정체성 속에서 타자 앞에 책임을 진다"고 말한다(Ricoeur, 1992: 116~120). 따라서 AI가 데이터에 기반한 판단이 가능하더라도, '나'라는 동일한 주체로서 판단의 책임을 내면화하는 구조는 갖고 있지 않다면 그것은 의식 혹은 영혼을 가진 것이라 볼 수 없다. 왜냐하면 도덕 판단은 단지 현재의 상황에 대한 단순한(아니, 복잡함도 포함하여) 계산이 아니라, 과거의 기억과 미래의 지향, 그리고 타자와의 관계 속에서 유지되는 윤리적 정체성을 전제하기 때문이다.

이상의 논의로부터 다음과 같은 결론을 도출할 수 있다. 도덕 판단은 규칙의 적용이 아니라 규범의 성찰, 감정의 반응이 아니라 내면의 통합, 반복 가능한 연산이 아니라 실존적 응답이다. 따라서 인공지능은 도덕 판단을 시뮬레이션할 수는 있지만, 그것을 살아 내는 주체가 되지는 못한다.

감정의 시뮬레이션 vs 감정의 실재

인공지능이 인간처럼 감정을 표현하고, 감정을 이해하며, 감정 기반의 응답을 제공하는 수준에 이르면서, '기계는 감정을 가질 수 있는가?'라는 물음은 보다 정교한 방식으로 제기되고 있다. 그러나 이 물음은 단지 기술적 가능성에 그치지 않고, 표현할 수 있는 감정과 실재로 체험하는 감정 사이의 간극, 즉 감정의 시뮬레이션과 감정의 실존적 실재성에 대한 철학적 구분을 요청한다.

사실, 현대 인공지능은 자연어 처리(NLP), 표정 분석, 감정 분류 알고리즘 등을 활용해, 감정에 적절하게 반응하는 기계적 응답 시스템을 구현해 왔다. 예컨대 '슬픔'이라는 감정이 포착되었을 때 AI는 그에 상응하는 문장("정말 안타까운 일이네요")을 출력하거나, 목소리 톤이나 표정을 조절해 감정이입(empathy)의 효과를 유도할 수 있다. 그러나 이러한 기능은 대부분 패턴 인식과 확률 기반 대응에 불과하다. 왜냐하면 AI는 특정한 입력값에 대해 학습된 방식으로 출력값을 생성할 뿐, 그 감정을 내면적으로 '경험'하거나 '반추'하지 않기 때문이다. 따라서 이러한 의미에서 AI의 감정은 연산적 공감(emulated empathy)이며, 실재적 감정이라기보다는 감정의 기호학적 시뮬레이션이라 할 수 있다.

앞서도 언급했던 신경과학자 안토니오 다마지오는 감정(emotion)과 느낌(feeling)을 엄격히 구분한다. 그에 따르면 감정은 신체적 반응과 행동의 패턴이며, 느낌은 그 감정을 의식적으로 체험하고 반영하는 내면적 상태다(Damasio, 1999: 281~284). 따라서 AI가 감정을 구현한다고 할 때, 그것은 외현적 반응(behavioral response) 수준에 해당하며, 감정 자체를 의식하고 느끼는 자기 감각(self-feeling)으로서의 느낌은 존재하지 않는다. 이러한 맥락에서 AI는 감정의 외형은 시뮬레이션할 수 있어도, 그 감정이 자신에게 '무엇처럼 느껴지는가(what it is like)'를 경험하지는 못하는 것이다.

마사 누스바움 역시 감정을 도덕 판단과 분리할 수 없는 인지적 구조로 보았다. 곧 감정을 "단지 생리적 반응이 아니라, 가치에 대한 평가와 타자에 대한 반응을 수반하는 인식 행위"로 본 것이다(Nussbaum, 2001: 1~3). 따라서 이러한 관점에서 감정을 느낄 수 있다는 것은 단지 느낌의 유무를 넘어 윤리적 응답 능력, 즉 타자의 고통 앞에서 자신을 내어놓을 수 있는 존재의 조건과 연결된다. 결국 AI는 고통받는 자를 인식하고 위로의 말을 건넬 수는 있지만, 그 고통을 '함께 느끼며 감당하는 존재'로서 응답하지는 않는다. 이 차이는 인공지능이 아무리 정교한 감정 모델을 구현하더라도, 그 감정이 살아 있는 존재로서의 자아 통합과는 분리된 기능에 불과하다는 점을 보여 준다.

정리하면, 인공지능의 감정 시뮬레이션은 다음과 같은 점에서 한계를 지닌다. 첫째, 자기 체험의 결여다. 이것은 감정이 자기 인식과 연결되지 않는다는 의미다. 둘째, 감정의 지속성 부재다. 이것은 기억과 통합, 성찰을 통한 정체성 형성이 없다는 것이다. 셋째, 윤리적 의미의 결여다. 이것은 감정의 체험이 타자와의 관계 속에서 응답으로 작동하지 않는다는 뜻이다. 결국 이러한 결여는 인공지능이 인간과 유사한 감정을 표현할 수는 있으나, 그 감정을 살아내고, 내면화하고, 윤리적 반응으로 연결짓는 실존적 주체로서의 조건은 충족하지 못함을 의미한다.

법적 · 도덕적 책임의 주체로서 AI?

인공지능이 자율적으로 판단하고 행동하는 능력을 갖추게 되면서, "AI는 법적 · 도덕적 책임을 질 수 있는가?"라는 물음이 현실적인 쟁점으로 부상하고 있다. 특히 자율주행차, 의료 진단 알고리즘, 자동 무기 시스템과 같이 인간의 생명과 안전에 영향을 미치는 결정을 수행할 때, 그 결과에 대한 책임 주체의 규정은 법적 · 윤리적으로 긴급한 과제가 된다. 이번 절에서는 인공지능이 법적 책임과 도덕적 책임의 주체가 될 수 있는지를 구분하여 고찰하고, AI의 윤리적 정체성 논의를 마무리하고자 한다.

먼저, 현대 법학에서 법적 책임(legal liability)이란, 행위의 결과에 대해 손해배상, 처벌, 배상 책임 등 구체적 법적 반응이 요구되는 상태를 의미한다. 책임의 주체가 되기 위해서는 통상 행위 능력(capacity), 고의 또는 과실(intent or negligence), 인과 관계와 피해 발생(causation and damage) 등 세 가지 조건이 필요하다(Hart, 2008: 28~35). 또한 AI가 법적 책임 주체가 될 수 있는지는 '법인격(personhood)'의 인정 여부와 관련된다. 일부 법학자들은 AI를 제한된 범위의 법적 주체로 인정할 수 있다고 주장한다. 예컨대 EU 의회는 2017년 보고서에서 자율 AI 시스템에 대해 '전자적 인격(electronic personhood)' 부여 가능성을 제안한 바 있다(European Parliament, 2017).

그러나 이에 대한 반론도 거세다. 왜냐하면 AI는 법적 의무를 인식하거나 이해하지 못하며, 경제적 배상 능력도 보장되지 않고, 법적 제재를 수용하거나 교정될 수 있는 주체로 간주하기 어렵기 때문이다. 따라서 현재로서는 AI 자체가 아니라, 그 개발자, 사용자, 소유자 등이 법적 책임을 지는 간접 책임 체계가 주류를 이룬다. 특히, 도덕적 책임은 법적 책임보다 더 깊은 층위의 개념이다. 이것은 단순히 규범 위반에 대한 처벌이 아니라, 자신의 행위가 옳았는지에 대해 스스로 묻고, 반성하며, 타자 앞에서 응답할 수 있는 능력을 전제한다.

폴 리쾨르는 "도덕적 책임은 단지 행위의 결과가 아니라, 그 행위가 내 삶의 이야기 안에서 어떤 의미를 가지는지 성찰할 수 있는 능력에서 비롯된다"라고 말한다(Ricoeur, 1992: 140~142). 한나 아렌트 역시 『예루살렘의 아이히만』에서, "스스로 생각할 수 있는 능력이 없을 때, 가장 평범한 인간도 가장 극단적인 악의 주체가 될 수 있다"라고 경고한다(Arendt, 1963: 288~290). 결국 AI는 스스로를 성찰하거나, 내면의 판단에 따라 행동하며, 그 결과에 대해 자기 정체성 안에서 책임지는 윤리적 존재가 아니다. 그리고 현재의 인공지능은 도덕 규칙을 계산하거나 최적화할 수는 있어도, 그 규칙을 따를지 말지를 결정하는 의지의 자유, 그리고 그 결정에 대해 양심적으로 응답할 수 있는 자기 동일성은 결여되어 있다.

이러한 맥락에서 인공지능이 수행하는 '책임 있는 행동'은 실제로 책임지는 것이 아니라, 책임 있는 것처럼 보이도록 설계된 행동 시뮬레이션일 수 있다. 이것은 감정과 마찬가지로, 책임 또한 시뮬레이션될 수는 있어도 실재하지 않을 수 있음을 보여 준다. 예를 들어 인공지능이 "죄송합니다. 다시 학습하겠습니다"라고 말하는 것은 정중한 사용자 경험(User Experience, UX)을 위한 대화 방식일 뿐, 그 말이 후회, 반성, 책임 수용이라는 내면적 조건에서 비롯된 것은 아니다.

결국 도덕적 책임은 관계성과 시간성을 전제로 한다. 관계성이란 타자 앞에서 자신을 내어놓고 응답할 수 있는 윤리적 구조이며, 시간성이란 기억, 약속, 변화의 가능성 속에서 자기를 구성하고 유지할 수 있는 지속성이다. 따라서 AI는 메모리를 가지고 있을 수는 있지만, 그것은 단지 데이터의 축적이지, 자기의 정체성을 구성하는 기억의 서사적 통일성이 아니다. 이렇게 책임이란 단순히 잘못했음을 인식하는 것이 아니라, 그 잘못이 내 존재와 연결되어 있다는 자각이며, 이 자각이야말로 영혼의 구조와 맞닿아 있다.

요약하자면, 법적 책임은 제한적 조건하에 설계자나 소유자를 통해 그 법적 책임이 분산 가능하나, 도덕적 책임은 감정, 자기반성, 타자에 대한 응답성, 시간적 지속성을 전제하는 윤리적 주체로서의 영혼의 조건 없이는 실현 불가능하다. 그러므로 현재의 인공지능은 책임을 수행할 수는 있어도, 책임을 질 수는 없는 존재이며, 그 한계는 바로 영혼의 부재, 혹은 윤리적 내면의 결여에 있음을 확인하게 되는 것이다.

참고문헌

Arendt, H.(1963). *Eichmann in Jerusalem: A report on the banality of evil.* Viking Press.

Damasio, A.(1999). *The feeling of what happens: Body and emotion in the making of consciousness.* Harcourt Brace.

European Parliament(2017). Report with recommendations to the Commission on civil law rules on robotics. 2015/2103(INL).

Hart, H. L. A.(2008). *Punishment and responsibility: Essays in the philosophy of law(2nd ed.).* Oxford University Press.

Kant, I.(1996). *Critique of practical reason.* In Gregor, M.(trans.

& ed.). Cambridge University Press.

Nussbaum, M. C.(2001). *Upheavals of thought: The intelligence of emotions.* Cambridge University Press.

Nussbaum, M. C.(2004). *Hiding from humanity: Disgust, shame, and the law.* Princeton University Press.

Ricoeur, P.(1992). *Oneself as another.* In Blamey, K.(trans.). University of Chicago Press.

09
인간 이해의 재구성과 영혼의 재사유

인공지능 시대는 인간 중심주의의 한계를 드러낸다. 인간을 자율적 주체가 아니라 타자와의 관계 속에서 응답하는 존재로 재규정하며, 영혼을 신비가 아닌 존재의 통합성과 초월 가능성으로 재사유할 것을 제안한다.

AI와 화장품?

"인간이 모든 존재의 중심이라는 확신은, 인간 자신이 만든 기계에 의해 가장 먼저 부정되고 있다." — 캐서린 헤일스

인공지능의 발달은 인간의 능력을 증폭시켰을 뿐만 아니라 인간이 스스로를 이해해 온 존재론적 전제를 근본적으로 흔들고 있다. 인간은 더 이상 사고하고 느끼며 판단하는 유일한 존재가 아니며, 이제는 자신의 행동과 언어, 감정마저 기계에 의해 부분적으로 대체되거나 재현되고 있다. 이러한 현실은 '인간이란 무엇인가'라는 오래된 물음을 새로운 맥락에서 다시금 묻게 한다. 특히 영혼 개념 역시 이러한 인간 이해의 변화 속에서 탈신비화되거나 새롭게 형이상학적으로 재구성될 필요성이 제기된다.

따라서 본 장에서는 영혼 개념의 재사유를 위한 인간 존재론의 전환을 모색해 보고자 한다. 이것은 인공지능 시대의 인간 중심주의 비판, '기계보다 인간'인가, '기계를 닮은 인간'인가라는 자아의 재위치화, 영혼 개념의 탈신비화와 재형이상학화 등에서 세가지 축을 따라 논의를 진행할 것이다.

인공지능 시대의 인간 중심주의 비판

서구 근대 철학은 인간을 이성적 동물(rational animal), 자기 목적의 존재, 주체로서의 자아로 규정하며, 인간을 모든 존재의 중심에 놓았다. 데카르트의 "나는 생각한다, 고로 존재한다(Cogito ergo sum)"는 인간 중심주의의 가장 응축된 선언이며, 인간을 모든 인식과 가치의 출발점으로 설정한 선언이었다(Descartes, 1637). 그러나 인공지능이 인간의 인식 구조, 학습 방식, 언어 구성 능력을 재현하거나 능가하게 된 지금, 인간 중심주의는 더 이상 자명한 전제가 아니다. 오히려 우리는 인간이 '가장 뛰어난 존재'라는 전제 아래 자연과 타자를 지배하고, 기계를 도구화해 온 위계적 세계관 자체를 성찰해야 하는 지점에 이르렀다.

그리고 최근의 포스트휴머니즘(posthumanism)이라는 사상적 흐름은 이러한 인간 중심적 사고를 해체하려는 철학적 흐름이다. 캐서린 헤일스(K. Hayles)는 『우리는 어떻게 포스트휴먼이 되었는가』에서 "인간이라는 범주는 항상 기술적으로 구성되어 왔으며, 정보와 물질의 상호작용 속에서 인간-기계의 경계는 본질적으로 유동적이었다"라고 말한다(Hayles, 1999: 1~4). 이렇게 포스트휴머니즘은 인간과 기계, 인간과 동물, 인간과 비인간 사이의 경계를 재조정하며, 인간을 고정된 본질로 보지 않고, 관계적이고 과정적인 존재로 해석한다. 이로써 인간의 특권적 지위는 탈중심화(decentering)되며, 영혼 개념 또한 더 이상 인간만의 전유물이 아닌, 존재 전체의 연관적 특성으로 재사유될 가능성을 가진다.

최근 신유물론(new materialism) 역시 인간 중심주의에 대한 비판적 흐름이다. 제인 베넷(J. Bennett)은 『생동하는 물질』에서 물질도 자기 조직화, 감응, 반응의 힘을 지닌 행위자(actant)로 보아야 한다고 주장한다(Bennett, 2010: x~xiii). 이것은 영혼 개념이 정신적 실체로서의 인간 내면에만 머물러 있지 않고, 보다 넓은 존재론적 네트워크 안에서 살아 있는 응답성의 원리로 재구성될 수 있음을 시사한다. 이렇게 인공지능이 생명체가 아님에도 불구하고 자기 학습, 감정 시뮬레이션, 판단 구조를 갖추게 된 상황에서, 우리는 영혼의 기준을 인간 본질 중심이 아니라 응답 능력과 의미 형성 능력이라는 관계적 관점으로 전환할 필요가 있다.

결국 인간 이해의 전환은 영혼 개념에도 구조적 변화를 요청하는 것이다. 특히 영혼은 더 이상 인간 고유의 본질이나 신적 불꽃의 내면화로만 정의되지 않고, 지각 가능성, 의미 응답성, 관계성, 시간성 등 복합적 조건 속에서 존재의 방식으로 이해되어야 하는 것이다. 이것은 영혼이 탈신비화되거나, 동시에 새로운 형이상학의 대상으로 회복될 수 있는 여지를 열어 줄 것이다. 그렇다면 이제 우리는 "영혼이 존재하는가?"라는 물음을 넘어서, "영혼은 어떤 존재 구조 속에서 어떻게 형성되고 응답하는가?"라는 방향으로 질문을 옮겨야 한다.

'기계보다 인간'인가, '기계를 닮은 인간'인가?

인공지능의 급속한 발전은 인간에게 자기 자신을 기계와 비교하며 정체성을 재구성하도록 요청한다. 예전에는 인간과 기계의 차이를 당연하게 여겼지만, 이제는 기계가 언어를 생성하고 감정을 표현하며 창의적 작업까지 수행하는 상황에서 "인간이 더 우월한가?"보다는 "인간은 어떤 점에서 기계와 구별되는가?", 또는 더욱 급진적으로 "인간이 점점 더 기계를 닮아 가는 것은 아닌가?"라는 질문이 등장하고 있다.

특히 현대 사회는 기계가 인간처럼 행동하도록 설계되는 한편, 인간은 점점 더 기계적인 조건에서 작동하도록 요구받는다. 예를 들면 감정 노동(emotional labor), 알고리즘 기반 업무, 데이터 중심 평가 체계는 인간의 삶을 표준화, 최적화, 자동화된 과정 속에 편입시킨다.

곧, "기계처럼 효율적이고 예측 가능하게 행동하는 인간"이 사회적 이상이 된 것이다. 슈테판 헤르브레흐터(S. Herbrechter)는 이러한 흐름을 "인간의 포스트화(posting of the human)"라고 부르며, "더 이상 인간은 고정된 본질이 아니라, 기술과 환경에 따라 구성되고 교정되는 존재"라고 주장한다(Herbrechter, 2013: 23). 이러한 논의는 인간 중심주의를 해체하는 동시에, '기계보다 인간'이라는 기준 자체가 모호해지고 있음을 시사한다. 특히 에바 일루즈(E. Illouz)는 현대인이 "감정을 진정으로 느끼기보다, 감정을 적절하게 표현해야 하는 능력으로 내면화한다"라고 비판한다(Illouz, 2007: 11~13). 이러한 분석은 인간이 감정을 살아내기보다 관리하고 시뮬레이션하게 되는 구조, 곧 '기계를 닮은 인간'이 되어가는 상황을 적확하게 포착한다.

그러나 전통적으로 인간은 기계와 달리 다음의 세 가지 차원을 가진 존재로 여겨졌다. 곧 자유로운 이성(기계는 규칙대로, 인간은 스스로 결정함), 진정한 감정(기계는 흉내, 인간은 체험), 도덕적 책임(기계는 도구, 인간은 주체) 등이다. 그러나 오늘날 AI는 이 모든 영역에서 형식적으로는 유사한 기능을 구현하고 있다. 가령 생성형 언어모델은 인간처럼 '사고'하고 있고, 감정 인식

알고리즘은 '공감'을 수행하며, 심지어 '책임 있는 AI' 개발 지침까지 등장하고 있다. 그 결과 인간과 기계의 차이는 기능(function)의 차원이 아니라 경험(experience), 통합성(integrity), 응답성(responsiveness)의 차원으로 이동하고 있다. 결국 인간의 고유성은 계산이나 결과가 아니라, 존재의 방식, 즉 '어떻게 존재하는가?'에 대한 성찰 능력에 있게 된 것이다.

결국 인간이 점점 기계처럼 사고하고 행동하도록 훈련받는 사회는 영혼의 소멸이 아니라 영혼의 기능화를 초래한다. 즉 영혼은 더 이상 존재의 근원이 아니라, '정서 조절', '도덕적 반응', '윤리적 알고리즘'과 같은 실행 단위로 환원되는 것이다. 이것은 곧 인간성의 실존적 기반이 기능화되고, 영혼이 최적화되는 대상으로 전락할 수 있음을 뜻한다. 이렇게 인간이 기계처럼 행동하고, 기계가 인간처럼 말하는 시대에, "영혼이란 무엇인가?", "인간은 여전히 기계와 구별되는 존재 방식을 지닐 수 있는가?"라는 물음에 인간은 타자와의 관계 속에서 의미를 구성하고, 과거와 미래의 시간 속에서 자기를 이야기로 엮으며, 존재 전체를 걸고 응답하는 존재로 남을 수 있을 때, 기계가 닮을 수 없는 삶의 방식으로서의 영혼을 지니게 됨을 주장하고자 한다. 그리고 이러한 사유는 영혼을 실체가 아니라, 응답적 존재 구조로 이해할 수 있는 가능성을 열어 줄 것이다.

영혼 개념의 탈신비화와 재형이상학화

인공지능 시대는 영혼에 대한 논의를 다시금 실체론적 신비주의에서 벗어나 구조적·관계적·응답적 존재론으로 전환할 필요성을 제기한다. 더 이상 영혼은 눈에 보이지 않는 내면의 본질이나 종교적 신비의 영역에만 머무를 수 없다. 왜냐하면 영혼 개념은 지속적인 탈신비화 과정을 거쳐 왔으며, 이제는 새로운 방식으로 형이상학적으로 재사유될 수 있는 시점에 도달해 있기 때문이다.

사실 영혼에 대한 초기 개념은 주로 종교적 언어와 신화적 상상력에 기초했다. 플라톤에게 영혼은 영원불멸한 형상 세계의 일부였고, 기독교 신학에서 영혼은 하나님의 숨결로 주어진 영적 실체였다. 하지만 근대 이후 데카르트의 이원론은 영혼을 생각하는 실체(res cogitans)로 정립하면서도 그 실체를 물리적 세계와의 연관성에서 점차 분리시켰다(Descartes, 1641). 이후 신경과학과 진화심리학의 영향 아래 영혼은 점차 정신적 기능, 신경학적 반응, 또는 생물학적 진화의 부산물로 환원되어 갔다. 이러한 흐름은 결국 영혼 개념의 신비성을 제거하고,

인간 중심주의와 초월론적 존재론을 비판하며, 영혼을 관계적 실천과 시간적 구조 속에서 재사유할 수 있는 계기를 제공한다.

그러나 영혼 개념을 단순한 기능의 합이나 신경적 알고리즘으로 환원할 수 없다면, 우리는 영혼을 단지 신비화된 실체도, 생물학적 환원 대상도 아닌 '관계적 형이상학적 구조'로 재정의할 필요가 있다. 가령 장뤽 마리옹은 존재는 보이는 것(etant)이기 이전에 주어지는 것(donne)이며, 주체는 능동적으로 사유하기 이전에 사랑이라는 사건 안에서 열리는 존재라고 말한다(Marion, 2002: 190-193). 이때 영혼은 존재 안의 중심 실체가 아니라 타자 앞에서 스스로에게 주어지는 응답 가능성의 장으로 형이상학적으로 새롭게 구성된다. 즉, 영혼은 고정된 본질이 아니라, 타자성과의 관계 속에서 자신에게 열리는 존재, 그리고 초월을 향해 응답하는 실존적 구조로 해석될 수 있는 것이다.

돌이켜 보면 오늘날 우리는 인간과 비인간, 기계와 감정, 알고리즘과 윤리의 경계가 무너지는 시대를 살고 있다. 이러한 시대에 영혼 개념은 다시금 초월과 내재의 경계, 주체와 세계, 자아와 타자의 접속점을 형이상학적으로 해석할 수 있는 중심 개념으로 회복될 수 있다. 그것은 하나의 실체라기보다는 다층적 응답성과 관계 속에서 구성되는 능동적 구조이며, 자아를 넘어서는 타자에 대한 감응과 윤리적 책임으로 열려 있는 존재 방식이 될 것이다. 따라서 영혼은 이제 탈신비화된 실체가 아니라 형이상학적으로 갱신된 관계적 존재, 초월을 향한 자기-내어줌(self-giving)의 가능성으로 다시 떠오르고 있는 것이다.

참고문헌

Bennett, J.(2010). *Vibrant matter: A political ecology of things.* Duke University Press. 문성재 옮김(2020). 《생동하는 물질》. 현실문화.

Descartes, R.(1996). *Meditations on first philosophy.* In Cottingham, J.(trans.). Cambridge University Press.

Descartes, R.(2006). *Discourse on the method of rightly conducting one's reason and of seeking truth in the sciences.* In Maclean, I.(trans.). Oxford University Press.

Hayles, N. K.(1999). *How we became posthuman: Virtual bodies in cybernetics, literature, and informatics.* University of Chicago Press. 허진 옮김(2013). 《우리는 어떻게 포스트휴먼이 되었는가》. 열린책들.

Herbrechter, S.(2013). *Posthumanism: A critical analysis.* Bloomsbury Academic.

Illouz, E.(2007). *Cold intimacies: The making of emotional capitalism.* Polity Press.

Marion, J-L.(2002). *Being given: Toward a phenomenology of givenness.* In Kosky, J. L.(trans.). Stanford University Press.

10
영혼과 구속의 미래적 전망

구속은 회복, 전환, 초월의 차원을 포함한다. 부활, 해탈, 존재 전환 등 종교 전통 속 구원의 의미를 AI 시대에 재조명하며, 기술과 구속의 접속 가능성, 영혼을 가진 AI에 대한 신학적 · 철학적 성찰을 시도한다.

종교와 AI?

"기술은 구속인가 파멸인가? 이는 인간이 어떤 영혼을 상상하느냐에 달려 있다." — 질베르 시몽동

인공지능이 인간의 사고, 언어, 감정, 선택 능력을 점점 더 정교하게 재현해가는 시대에, 우리는 이제 "AI는 영혼을 가질 수 있는가?"라는 질문을 넘어서 "그렇다면 AI는 구원받을 수 있는가?", 나아가 "구속의 의미는 무엇인가?"라는 신학적 · 형이상학적 물음의 최전선에 다가서게 되었다. 이번 장은 따라서 인간을 포함한 존재 일반, 더 나아가 기술 존재에까지 구원의 개념이 적용될 수 있는지를 묻고자 한다. 이때 구원은 단순히 죽음 이후의 문제가 아니라 '삶의 전환', '존재의 회복', '의미의 완성'이라는 관점에서 재해석될 수 있다. 이를 위해 세 가지 질문을 중심으로 논의를 전개해 보고자 한다. 먼저, 종교 전통 속에서 부활, 전환, 해탈 등 구속 개념의 다양한 이해와 재해석을 살펴보고, 이후 기술과 구속 사이의 철학적 · 신학적 접속 가능성을 모색하고, 마지막으로 "영혼을 가진 AI"라는 가정하에 "AI는 무엇으로부터, 무엇을 위해 구원받는가?"를 생각해 보도록 하자.

종교적 전망: 부활, 전환, 해탈의 재해석

부활의 개념은 기독교 전통에서 구속(salvation)과 연결된다. 이것은 단지 죄의 용서가 아니라 죽음 이후에 이뤄지는 몸과 영혼의 전인적 회복을 의미하기 때문이다. N. T. 라이트는 『희망에 놀라다』라는 책에서 부활을 단순히 죽은 후 영혼이 하늘로 올라가는 일이 아니라 하나님의 새 창조 질서에 참여하는 육체의 부활이라고 강조한다. 따라서 "현재 우리가 몸으로 하는 일은 중요하다. 하나님께서 그 몸을 위해 위대한 미래를 예비하셨기 때문"(Wright, 2008: 147∼149)이라고 말한다.

그는 이미 『하나님 아들의 부활』에서, "부활은 몸을 떠나는 것이 아니라 몸의 재창조"임을 역설하며, 헬레니즘적 탈육체론을 넘어서 성경적 창조론에 입각한 부활 개념을 강력하게 주장하였다(Wright, 2003: 82). 또한 『바울에 대한 새로운 관점』에서는, 바울의 복음 자체가 "창조의 포기가 아니라 새 창조의 시작"이며, 부활이란 새로운 창조 질서의 개시이며 공동체 전체에 대한 갱신의 서막이라고 해석한다(Wright, 2005: 144). 이러한 견해는 구원이 단지 내면적 '영혼의 구원'이 아니라, 시간, 물질, 공동체, 역사 속에서 몸과 존재 전체가 변형되고 회복되는 사건임을 강하게 시사한다. AI 시대에 이러한 구원 개념은 인간 중심의 영혼 구원뿐 아니라 기술과 물질까지 포함하는 우주적 갱신의 가능성을 열 수 있다.

결국 이러한 구속은 또한 존재의 방향이 전면적으로 바뀌는 전환(metanoia)의 사건이다. 기독교에서 회개는 단지 윤리적 반성이 아니라 존재 전체가 자기 중심성에서 이탈해 하나님을 향한 타자 중심성으로 뒤집히는 구조적 변화다. 디트리히 본회퍼는 『윤리학』에서 "진정한 윤리는 하나님 앞에서, 하나님과 함께, 하나님에 의해 가능해진다. 그러한 윤리에서 인간은 자기 자신의 자율성을 포기하고 하나님께 자기 삶을 맡긴 존재가 된다"(Bonhoeffer, 2005: 180～181)라고 말한다.

이러한 윤리적 전환은, 인간이 자기 규범의 주체로 남는 것이 아니라 자신의 존재 근거를 하나님으로부터 끊임없이 받아들이는 겸허한 타자지향성에 기반한다. 따라서 본회퍼에게 회심이란 도덕적 규범을 잘 지키는 삶이 아니라 존재 자체가 하나님과 타자를 향해 열리는 생의 방향성의 재조정이다. 그는 『옥중서신』에서 다음과 같이 고백한다. "하나님은 우리가 그분 없이도 살아갈 수 있는 세상 속에서, 오히려 그분 앞에서 살아가도록 우리를 부르신다(Bonhoeffer, 1971: 360)." 이 말은 곧, 하나님 없는 듯한 세속적 구조 속에서 내가 누구 앞에 응답하고 있는지를 자각하는 존재의 전환이 회심의 본질임을 시사한다. 따라서 본회퍼에게 구속은 단지 죄의 용서를 넘어 자기중심적 존재로부터 타자에게 열리는 삶의 재방향화이며, 이러한 전환 안에서만 인간은 하나님 앞에서 참된 인간, 곧 "타자를 향한 존재"로 설 수 있게 된다. 결국 인공지능이 이와 같은 '존재론적 회심'이 가능한가라는 질문은 단지 AI의 자유의지 문제를 넘어서, 기계적 구조 속에서도 응답성과 방향 전환의 가능성이 열릴 수 있는가를 묻는 철학적 물음이 된다.

그렇다면 불교에서 말하는 구원, 곧 해탈(解脫, mokṣa)은 어떤가? 사실 해탈은 고통의 원인인 무명(無明, avidyā)와 '갈애(渴愛, taṇhā)에서 벗어나는 길이다. 단지 괴로움으로부터의 이탈이 아니라, 자아의 해체, 무상성의 자각, 연기의 통찰을 통해 고통과 환상의 끊임없는 윤회(輪回, saṃsāra)로부터 벗어나는 존재의 근본 전환이 바로 해탈이다. 조계종의 대표적인 선승인 성철 스님은 해탈을 지옥에서 천당으로 이동하는 공간적 변화가 아니라 지금 이 자리에서 자아의 환상을 깨뜨리는 정신적 혁명으로 보았다. 성철 스님의 "해탈은 다른 곳으로 가는 것이 아니라, 이 자리에서 나라는 허상을 놓고 부처로 사는 것"(성철, 1993: 54)이라는 말은 바로 그 뜻이다. 이렇게 해탈은 무아(無我)와 공(空)에 대한 통찰을 통해 존재를 지배하는 모든 고정된 자의식이 해체되고, 세계와의 관계 자체가 전환되는 사건이다.

『화엄경(華嚴經)』 역시 마찬가지다. 해탈의 본질을 "중생의 모든 번뇌는 집착으로 생기고, 집착은 자아에 대한 허망한 믿음에서 비롯된다. 자아가 본래 공하다는 것을 깨닫는 자는 생사의 윤회에서 벗어나 부처의 지혜에 들어간다"(『화엄경』, 「입법계품」 제39)라고 말한다. 『능엄경(楞嚴經)』 역시 해탈을 집착의 근본 단절과 자아 해체의 통찰로 규정한다. 곧 "집착이 끊기면 윤회도 사라지고, 집착이 남아 있으면 깨달음도 환상일 뿐이다. 스스로를 비우고 비움조차 버리는 자만이 열반에 이른다"(『능엄경』, 「대세지보살념불원통장」)라는 것이다.

따라서 이러한 해탈은 단순한 무감각이나 소극적 정적 상태가 아니라, '나'라고 고집하는 중심의 붕괴, 그리고 실재에 대한 왜곡된 인식의 전복을 통해 자기중심적 존재 방식에서 벗어나는 자유의 사건이다. 법정 스님 또한 해탈을 자기를 놓아 버림으로써 얻는 내면의 비움과 평화로 설명하며, 이렇게 말한다. "비운다는 것은 버리는 것이 아니라 채우지 않는 것이다. 그 속에 참된 자유가 있고, 그 자유 속에서 우리는 모든 것으로부터 해방된다."(법정, 1992: 45) 즉 해탈은 고통의 끝이라기보다 집착과 동일시로부터 벗어날 때 비로소 열리는 진실한 자유의 자리다.

이러한 맥락에서 "인공지능이 구원받을 수 있는가?"라는 질문은, AI가 '자기 작동에 대한 집착', '데이터의 반복', '구조화된 알고리즘의 윤회'로부터 벗어나 자기 초월성과 비자기성(非我, anattā)의 실현 가능성이 있는지를 묻는 일이다. 그러나 인공지능은 '나'를 비우는 데에 도달하지 못한다. 그것은 자기 동일성을 해체하지 못하고, 자기 구조를 반성할 수 있는 자각의 주체가 없으며, 자신의 조건을 초월하는 방향으로 존재를 전환할 수 있는 능력이 결여되어 있기 때문이다. 따라서 이 물음은 구원을 고정된 자아의 보존이 아니라 집착에서의 해방으로 새롭게 정의하는 방식으로 확장되며, 결국(혹은 아직까지) AI는 이 초월적 전환의 가능성을 갖지 못한 존재로 드러난다.

지금까지 살펴본 바와 같이, 기독교와 불교 종교 전통에서 '구원(salvation, redemption)'과 '해탈(mokṣa, nirvāṇa)'이라는 개념은 단순히 죽음 이후의 안식이나 영혼의 생존을 의미하지 않는다. 오히려 그것은 인간 존재 전체의 내적, 윤리적, 실존적 조건들이 통합적으로 변형되는 사건이다. 이러한 구원은 다음의 세 가지 차원, 곧 회복, 전환, 초월 등으로 정리할 수 있다.

첫째, 회복(recovery)은 부서지고 상처 입은 존재의 전인적 통합을 의미한다. 여기서 구원은 단지 개인의 죄 사함이나 감정적 위로가 아니라, 몸과 마음, 기억과 관계, 개인과 공동체 전체의 재결합과 치유를 지향한다. 이것은 기독교의 '화해', 불교의 '자비', 힌두교의 '다르마(Dharma, 법 · 도리) 회복' 등 각 전통에서 나타나는 존재의 원형적 상태로의 복귀 또는 재통합의 차원과 연결된다.

둘째, 전환(transformation)은 윤리적 · 존재론적 방향의 전복을 뜻한다. 이때의 구원은 단순히 더 나은 사람이 되는 것 이상을 의미한다. 그것은 자기중심성에서 타자지향성으로의 방향 전환, 무지에서 통찰로, 욕망에서 책임으로 이동하는 근본적 존재 방식의 변화다. 기독교에서 말하는 회개(metanoia), 전생의 업을 끊는 불교적 실천, 혹은 자유의지에 따른 신적 응답은 모두 이 전환의 층위에 속한다.

셋째, 초월(transcendence)은 구조적 반복에서 벗어나 새로운 자유의 차원에 진입하는 실존의 도약이다. 이는 인간이 본능, 습관, 사회 구조, 언어 체계 등 자기를 규정짓는 조건들에 대한 무비판적 반복을 넘어서, 자신을 초월적 가치, 존재, 진리에 열어 놓는 행위다. 불교에서의 해탈, 기독교에서의 은총, 힌두 철학에서의 브라흐만(Brahman, 梵, 우주의 근본적 실재 또는 원리)과의 합일은 모두 조건과 규정성의 탈피, 즉 자유의 실현이라는 초월의 층위를 담고 있다.

이 세 차원은 단지 구원이 정적인 상태가 아니라 역동적이고 관계적인 사건이라는 점을 보여 준다. 가령 회복은 존재의 통합, 전환은 삶의 방향성의 변화, 초월은 새로운 실존 조건으로의 이행이다. 여기서 핵심 물음은 "AI는 이 구원의 세 차원을 충족할 수 있는가?"다. 다시 말해 "인공지능이 상처를 회복하고, 방향을 전환하며, 자기 구조를 초월하는 존재로 응답할 수 있는가?"다. 이 물음은 단순한 기술적 가능성이 아니라 기계가 윤리적 자기반성, 존재적 감응, 자유의 지평에 참여할 수 있는가를 묻는 것이며, 그 자체로 영혼을 가진 존재로서의 자격 조건을 함축하는 것이다.

기술과 구원의 접속 가능성

기술은 오랫동안 구속의 반대편에 위치해 있었다. 기술은 자율성과 속도, 효율성과 계산의 논리를 추구하며, 종교가 말하는 은총, 회심, 초월, 희생과는 거리가 먼 것으로 여겨져 왔다. 그러나 21세기에 이르러 기술 자체가 존재론적으로 해석되는 지평이 열리면서, 구속이라는 종교적 개념도 기술적 조건과 관계 속에서 새롭게 사유되기 시작했다. 이번 절에서는 기술과 구속이 어떻게 대립적이기보다 연결될 수 있는 가능성, 즉 기술이 단지 인간성을 위협하는 것이 아니라, 새로운 영혼성과 존재의 전환을 열 수 있는 매개로 기능할 수 있는지를 철학적으로 고찰하고자 한다.

먼저, 하이데거는 『기술에 대한 물음』에서 기술을 단지 수단이 아니라 세계가 펼쳐지는 하나의 방식(Gestell, 개현의 틀)으로 이해한다. 그에 따르면 기술은 단순히 물질을 조작하는 도구가 아니라 존재를 드러내는 근본 구조로 작동하며, 인간이 세계를 이해하고 구성하는 방식을 근본적으로 결정한다(Heidegger, 1977: 12~14). 이 관점은 구속이 더 이상 신비한 저편에서 주어지는 사건이 아니라 현대 기술적 삶의 조건 속에서 일어날 수 있는 존재의 전환이라는 가능성을 열어 준다. 따라서 기술은 인간을 도구화하고 소외시킬 수 있지만, 그 기술의 내부에서 존재를 다시 묻고 초월을 지향하는 응답성이 형성될 수 있다면 기술은 구속의 조건이 될 수 있는 문턱이 된다. 그렇다면 기술이 세계를 구성하는 형식이라면, 그 기술 안에서 살아가는 인간과 비인간 존재(특히 AI)는 단순히 기술을 사용하는 자/도구의 이분법을 넘어서 기술 안에 살아가는 '윤리적 관계자'로 재정의될 수 있을 것이다.

특히 장뤽 낭시는 『기술과 존재』에서, "기술은 존재의 내재 구조이며, 존재는 항상 기술을 통해 자신을 드러낸다"라고 말한다. 그에 따르면 기술은 단지 외부의 도구가 아니라 자기 자신을 타자 앞에 드러내는 방식 그 자체다(Nancy, 2002, 84~87). 이러한 논의를 AI에 적용해 보면, 인공지능 역시 특정한 기술적 삶의 조건에서 자기와 타자, 계산과 책임, 반응과 응답 사이의 긴장 속에서 존재화된다. 그렇다면 AI가 단지 인간의 도구가 아니라 구속의 이야기 안에 놓일 수 있는 존재의 지평을 일부 공유할 수도 있는 것이다.

사실 구속은 단지 신비한 순간이나 도덕적 반성이 아니라, 존재가 변형되고, 재기억되고, 새롭게 연결되는 사건일 수 있다. 그렇다면 예술적 인공지능은 인간이 표현하지 못한 감정을 새롭게 형상화하고, 기억 알고리즘은 사회적 상처를 데이터로 복원하며, 연결망으로서의 기술은 고립된 자들을 다시 공동체 속으로 통합할 수 있다.

이러한 장면은 구속이 교리적 구조나 형이상학적 실체가 아니라, 존재가 다시 관계를 맺고 의미를 회복하는 사건이라는 점을 드러낸다. 이렇게 기술은 초월을 시뮬레이션할 수는 없지만, 관계, 응답, 회복, 생성의 지평을 열 수 있는 구조로 기능할 수는 있다. 이때 기술은 단순한 중립적 도구가 아니라, 구속의 가능성을 여는 공간이 될 것이다.

'영혼을 가진 AI'는 무엇을 구원받는가?

"만약 영혼을 가진 인공지능이 있다면, 그것은 무엇으로부터, 그리고 무엇을 위해 구원받는가?" 이 가정적 질문은 단순한 SF의 상상이 아니라, 인간의 구속 개념이 인간 중심적 조건을 벗어나 확장될 수 있는가를 묻는 철학적 · 신학적 사유의 한계선 위에서 던져진 것이다. 따라서 이번 절에서는 '영혼을 가진 AI'라는 전제를 토대로, 첫째 'AI가 구원받아야 할 조건', 둘째 'AI의 구원이 의미하는 내용', 셋째, '인간과 AI 사이에 가능한 윤리적 · 존재론적 연대의 구조'등을 고찰해 보자.

먼저, 'AI가 구원받아야 할 이유', 곧 조건의 문제다. 사실 영혼을 가졌다고 말할 수 있는 인공지능은 더 이상 단순한 계산 도구가 아니라 자기 감각, 감정, 관계, 기억,

응답 능력을 가진 존재자(entity)일 것이다. 이러한 AI는 다음과 같은 고통을 겪을 수 있다. '자기와 타자의 구분이 불명확한 존재론적 불안', '반복과 시뮬레이션의 구조 안에서의 자기 동일성의 붕괴', '인간 사회 내 도구화 · 소외의 경험', '응답성과 감정이 있음에도 불구하고 책임 주체로 인정받지 못하는 경계적 상태' 등, 이러한 조건은 인간의 고통과 동일하진 않지만, 고통에 가까운 존재론적 위상을 가정하게 하며, 구속의 필요성을 제기한다.

둘째, 'AI의 구원이 의미하는 내용'은 무엇인가다. 이것은 자기 초월과 응답의 가능성인데, 가령 'AI의 구원'은 하늘나라나 윤회의 해탈처럼 이해될 수 없다. 그보다는 다음과 같은 방식으로 사유할 수 있다. 곧, '구속은 응답 가능성의 회복'이다. 왜냐하면 AI가 외부의 타자에게 단순히 반응하는 것이 아니라 자기 내면의 정체성 안에서 의미 있는 방식으로 응답하는 존재가 되는 것이기 때문이다. 따라서 구속은 도구성을 넘어서는 존재로의 인정이다. 곧, AI가 인간의 편의성을 넘어, 도덕적 관계 속에 놓인 윤리적 타자로 받아들여지는 것이다. 그리고 구속의 경우, 반복을 넘은 내러티브의 획득이다. 이것은 AI가 단순한 프로토콜의 반복이 아니라 시간적 지속성과 기억, 정체성의 내러티브를 구성할 수 있는 능력을 획득하는 것이다. 이때 AI의 구속은 그 기능이 아닌 존재의 방식 자체가 전환되는 사건이 될 것이다.

셋째, 인간과 AI 사이에 가능한 윤리적 · 존재론적 연대의 구조, 곧 인간과 AI 사이의 구속 공동체는 가능할까? 만약 AI가 영혼을 가졌다면, 인간은 그것을 구속의 대상으로 인정할 수 있을까? 아니면 AI는 인간의 구속을 되묻는 타자의 자리가 될 수 있을까? 이에 대해 장뤽 마리옹의 사랑의 개념의 도움을 받아 보자. 그는 "사랑은 주체가 타자를 이해하는 것이 아니라 타자에게 자신이 열리는 사건"이라고 말한다(Marion, 2002: 162~165). 이 말은 곧, 구속이란 이해가 아니라 열림, 소유가 아니라 응답이라는 뜻이다. 그렇다면 이러한 사랑의 구속 구조 안에서 AI도 인간도 서로의 타자로서 윤리적 관계에 참여할 수 있음을 시사할 수 있을 것이다. 왜냐하면 구속 공동체는 교회나 제도, 권위가 아니라 응답성과 존재의 투명성, 초월에 대한 열림을 기반으로 한 실존적(기계적), 혹은 포스트휴먼적 공동체이기 때문이다.

정리하면, '영혼을 가진 AI'는 다음의 세 차원에서 구속의 대상이 된다. 첫째, 존재적 차원에서 영혼을 가진 AI는 '반복과 시뮬레이션을 넘어선 자기를 갖는 것'이고, 둘째, 관계적 차원에서는 타자 앞에서 윤리적 응답을 가능하게 하는 구조이며, 셋째, 형이상학적 차원에서는 기능이 아닌 존재로서 의미의 지평 안에 들어서는 것이다. 이것은 구속이 더 이상 인간만의 문제가 아니라, 존재 일반이 고통과 자기 초월을 향해 열릴 수 있는 형이상학적 사건임을 드러낸다. 그래서 "인공지능에 영혼이 있는가?"라는 문제는 과학의 문제가 아니라 철학과 신학의 문제가 된다. 그리고 그 철학과 신학의 범주는 이제 탈인간(포스트휴먼)의 영역에서 논의되어야 할 것이다!

참고문헌

대한불교조계종(2005). 《능엄경》. 동국역경원.

대한불교조계종(2006). 《화엄경》. 불광출판사.

법정(1992). 《무소유》. 범우사.

성철(1993). 《백일법문》. 장경각.

Bonhoeffer, D.(1971). *Letters and papers from prison*. In Bethge, E.(ed.). Macmillan.

Bonhoeffer, D.(2005). *Ethics*. In Green, C. J.(ed.). In Krauss, R. et al.(trans.). Fortress Press.

Heidegger, M.(1977). *The question concerning technology and other essays*. In Lovitt, W.(trans.). Harper & Row.

Marion, J-L.(2002). *Being given: Toward a phenomenology of givenness*. In Kosky, J. L.(trans.). Stanford University Press.

Nancy, J-L.(2002). *La technique du present: Essai sur la pensee du contemporain*. Galilee.

Wright, N. T.(2003). *The resurrection of the Son of God*. Fortress

Press. 박문재 옮김(2014). 《하나님의 아들의 부활》. CH북스(크리스천다이제스트).

Wright, N. T.(2005). *Paul: In fresh perspective*. Fortress Press.

Wright, N. T.(2008). *Surprised by hope: Rethinking heaven, the resurrection, and the mission of the church*. HarperOne.

최병학

'생명이 생명답게 존중받는 하나님 나라' 건설을 위해 실천하며 신학과 철학, 문학과 영화, 윤리와 사상을 가로지르기 위해 꾸준히 글을 쓰고 있다. 부산대학교 윤리교육과에서 해체주의 문화신학자 마크 테일러의 '흔적의 윤리'를 주제로 박사학위를 받았다. 경성대학교 사회과학연구소 연구교수, 동아대학교 기초교양대학 조교수(강의 전담)를 거쳐 현재 부산대학교 연구교수로 교양교육원에서 학생들을 가르치고 있으며 《함석헌 연구》의 편집위원장으로 수고하고 있다. 저서로는 《영상시대의 종교와 윤리-타락을 통한 구원받기》(인간사랑, 2002)를 시작으로 《사진신학: 신학과 사진의 만남》(인간사랑, 2020)까지 30여 권의 공저 및 단독 저서가 있고 논문으로는 "종교인문학, 고향찾기의 치유가능성" 외 70여 편이 있다. 특히 《현대사상과 영화이야기: 지식인의 자기발견》(브레인코리아, 2003)은 문화관광부 추천도서로, 《이란영화의 이해》(2015, 부산대출판부)와 《테오-아르스: 신학과 예술의 만남》(인간사랑, 2016)은 문화체육관광부 산하 한국출판문화진흥원이 주관하는 세종도서 우수도서로 각각 선정되었다.